中公新書 1927

小川原正道著

# 西南戦争

## 西郷隆盛と日本最後の内戦

中央公論新社刊

# はじめに

西南戦争は、明治十(一八七七)年二月から九月にかけて戦われた近代日本最大、そして日本史上最後の内戦である。

「政府へ尋問の筋《すじ》これあり」

東京から鹿児島に派遣された「視察団」が、西郷隆盛《さいごうたかもり》の暗殺を目的としていると憤激し、こう宣言して西郷以下が挙兵したとき、従う者は約一万三〇〇〇名、その後九州各地から馳《は》せ参じた部隊や徴募隊が加わって、総兵数は三万名余りに膨れ上がった。対する政府軍は六万名余りを動員、半年以上にわたって戦闘が行われることになる。それは誕生したばかりの「日本軍」が経験した最初の本格的戦争であった。

明治七(一八七四)年以降、佐賀の乱、神風連《じんぷうれん》の乱、秋月《あきづき》の乱、萩《はぎ》の乱と続いた士族反乱は、開化政策のなかで家禄《かろく》などの特権を失った士族による封建反動的な行動という印象が強い。だが、その最大かつ最後のものとなったこの西南戦争の内実をあらためて検証すると、多様な性格を持っていたことに気づかされる。

西郷が率いる薩軍《さつぐん》の中核となった私学校党《しがっこうとう》の不満は、秩禄《ちつろく》処分や自らの不遇とともに、欧化政策や外交政策、政府の専制《せんせい》、腐敗や朝令暮改《ちょうれいぼかい》などに向けられていた。薩軍の前線では、特権剝奪《はくだつ》に怒る保守派士族とともに、村田新八《しんぱち》や小倉処平《おぐらしょへい》のような西洋帰りの知識人が指揮を執《と》り、民権運動家も剣を振るっていた。

彼らの目指す「理想」に違いがあったとしても、そこには専制政府の打倒という共通の調べが流れており、何よりも、これを逃しては政府を打倒するチャンスはないという切迫感と、西郷ならば、という期待感が漂っていた。

だが、「反乱」は失敗する。それは薩軍にとって軍事的敗北であるとともに、政治的敗北でもあった。

私学校党の戦闘力や士気は旺盛《おうせい》だったが、「国軍」を相手に勝ちきるだけの兵力、戦略、資金、武器、弾薬、輸送手段、通信網がなかった。また、全国の反政府勢力をまとめあげる政治力も、そして天皇を戴《いただ》く官軍である「国軍」に対抗できる十分な大義名分もなかった。

西郷とともに不平士族の頭目的立場にあった板垣退助《いたがきたいすけ》は、薩軍とともに起《た》つかどうかの選択を迫られたとき、名分がないことを挙げて渋った。西郷による「尋問」の目的の第一は、政府が企《くわだ》てたという西郷隆盛暗殺計画について糺《ただ》すことにあり、それは私学校党の憤激をかきたてたが、その怒りの輪から遠のいていくとき、この暗殺計画が果たして挙兵の理由になるのかといった疑問が生じた。それは「反乱」の広がりを制限することになった。薩軍内部も私学校党から徴募隊まで多様な構成となっており、士気も濃淡いちじるしく、戦死や怪我、病気のほか、途中で「降りた」将兵も一万名にのぼるといわれる。

それでも薩軍が最後まで死闘を繰り広げられたのは、西郷その人の魅力によるところが大きい。「反乱」の名分は曖昧《あいまい》であったが、全軍の求心力はつねに西郷隆盛という個人が背負っていた。そこにこの西南戦争の特徴があり、悲劇がある。

西郷に何かを託したのは、薩軍に参じた将兵ばかりではない。近代日本を代表する啓蒙思想家、福沢諭吉は西郷死去の翌月に「明治十年丁丑公論《ていちゅうこうろん》」と題する文章を書き、西郷を弁護している。

福沢は、日本は「文明の虚説《きょせつ》」に流されて「抵抗の精神」を衰退させ、専制政治を増長させていると嘆いた。だからこそ、西郷の抵抗は専制政治に対する自立した個人の抵抗として捉えられ、その正当性を認められた。個人の自立こそが国家の自立の前提となる。これが福沢の信念であった。

「東洋のルソー」と呼ばれた中江兆民《ちょうみん》もまた、一度は西郷を擁《よう》したクーデターを企て、その後も西郷を慕《した》い、「西郷南洲翁《なんしゅうおう》をして在《あ》らしめば」、自分に活躍の場が与えられたろうに……

と慨嘆《がいたん》した。

武士的キリスト教の使徒をもって自認した内村鑑三《かんぞう》は、明治維新が西郷の理想に反し、その「遠大な目的の達せられなくなったことに失望した結果」として西郷は蹶起《けっき》したと述べ、その敗北と死によって「武士の最大なるもの、また最後の（と余輩《よはい》の思う）ものが、世を去った」と嘆いた。

西郷がこの世を去ろうとする頃、東京や大阪の空には「西郷星《さいごうぼし》」が輝いており、その人気が衰えることはなかった。明治二十二（一八八九）年に西郷が賊名《ぞくめい》を雪《そそ》がれ名誉回復して以降、その人格や思想の高潔さや先見性がさらに讃《たた》えられ、多くの理想が託された。西郷は大陸に渡って生きており、ロシア皇太子に伴って帰ってくるといった「西郷伝説」も生まれ、戦時下では大陸政策のさきがけとして、理想的軍人として遇された。かつて薩軍に参じた人々もまた、西郷にさまざまな思いを託して戦った。

さて、西南戦争の序曲は、明治六（一八七三）年の一大政変から奏でられはじめる。まずはそこから、この戦争と伝説の系譜をたどりはじめよう。

※引用した資料中のカタカナはひらがなに、旧字は新字に、旧かな遣いは新かな遣いに改め、適宜句読点や濁点を補った。ルビは適宜ふった。

西南戦争

目次

## 西南戦争 薩軍、政府軍主要進路図

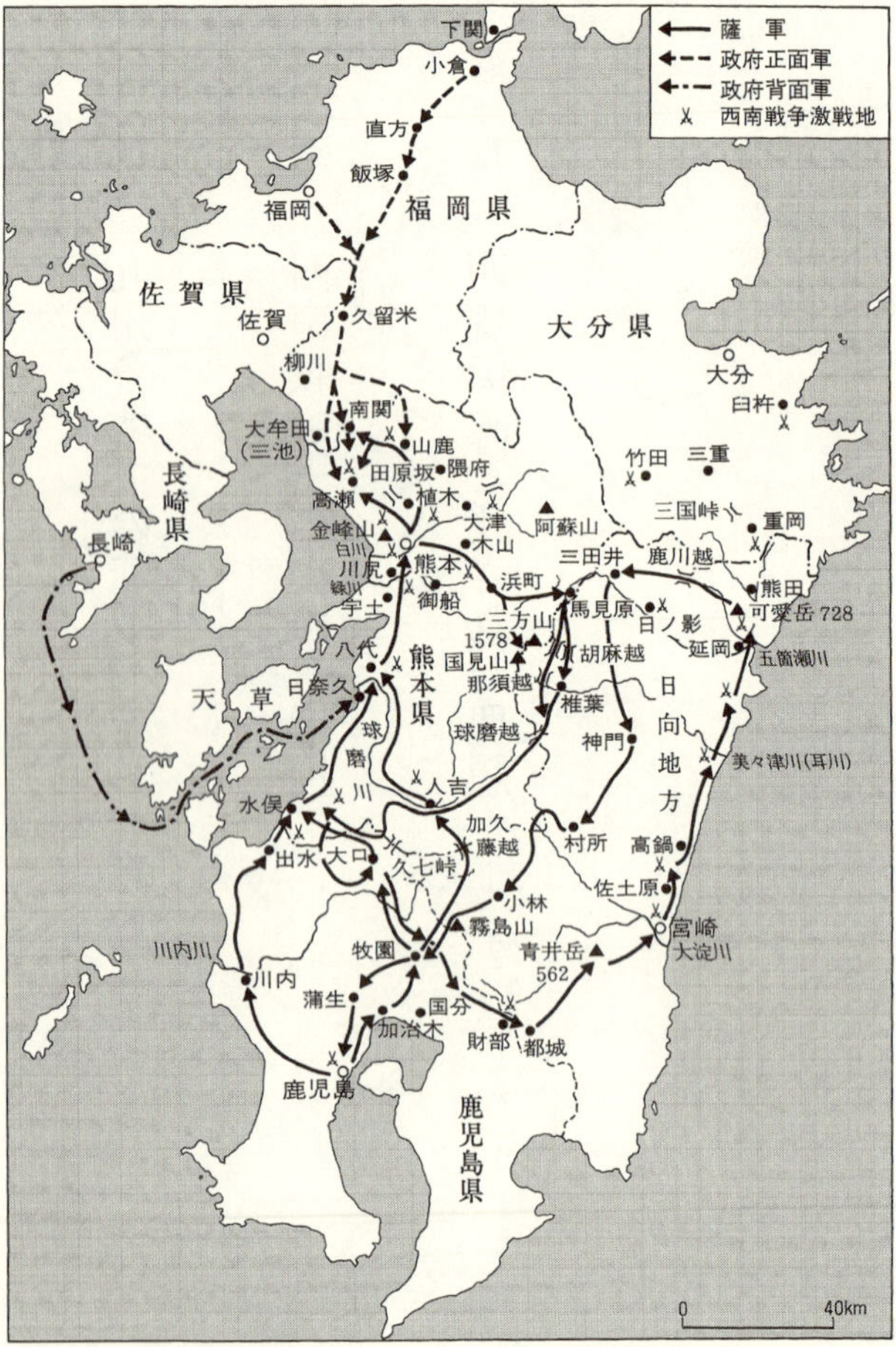


註：政府軍の動きは熊本城籠城戦まで。それ以降はつねに薩軍を追走
出所：河野弘善『党薩熊本隊』（尾鈴山書房、1973年）を基に筆者作製

# 西南戦争

## 西郷隆盛と日本最後の内戦

# 第一章　反乱への序曲——西郷隆盛の下野

## 朝鮮への使節派遣問題

参議・近衛都督《このえとと》・陸軍大将の職にあった西郷隆盛は、明治六（一八七三）年十月二十三日、政府に辞表を提出した。

この半年間、政府中枢は朝鮮への使節派遣をめぐる問題に揺れていた。西郷の辞職は、その主張が挫折したこと、そして問題が一応の決着をみたことを意味していた。問題の引き金となったのは、明治六年五月、釜山の大日本公館（旧倭館《わかん》）から寄せられた報告で、朝鮮の東萊府が公館前に出した掲示に日本を侮蔑《ぶべつ》する文句があった、と伝えていた。

当時、鎖国を続けていた朝鮮と日本との間には正式な国交がひらかれておらず、外交交渉も行き詰まっており、日本の商人による密貿易が展開されていた。東萊府の掲示はこれを取

西郷隆盛

り締まるためのものだったが、そこには、髷《まげ》を切り洋服を着た日本人を「変形易俗《へんけいえきぞく》」と呼び、これではもはや「日本之人」とはいえない、「他島人交易」は決して許せず、日本は「無法之国」だ、などとする文言が書かれていたという。

閣議に提出された議案は、まず「人民保護」のために派兵し、使節を派遣して談判に及ぶべきだとしていた。板垣退助はこれに賛成したが、西郷隆盛は反対した。派兵は「穏当」でなく、まず大官の使節を派遣して反省を迫るべきで、その任には自らがあたり、護衛兵も付けず礼装で赴きたいと西郷は主張したが、結論は、当時清《しん》国に出張中だった外務卿の副島種臣《そえじまたねおみ》が帰国してから議せられることとなった。

西郷は板垣に書簡を送り、派兵すれば戦争になるため使節を先に送ってはどうか、そうすれば先方が暴挙を働くだろうから「討つべきの名」が立つ、使節には自分が立ちたいと述べている。別の板垣宛書簡でも西郷は、使節を派遣すれば必ず「戦」の機会をつかむ、自分を死なせて不憫《ふびん》と思わないでほしいと決意を披瀝《ひれき》し、その戦争は「内乱を冀《ねが》う心を外に移して、国を興すの遠略《えんりやく》」だと記している。内乱の危険を外に発散させ、内政を刷新することを期待した発言と思われるが、西郷は当時、表面的な西洋化の風潮や、「全く懶惰《らんだ》」「人気は漸々《ぜんぜん》弱く」といった傾向を嘆いており、足元では士族たちが不遇に不平をならしていた。西郷は閣議を主宰する太政《だじよう》大臣の三条実美《さねとみ》に対しても、ぜひ使節を送って「彼《か》の曲分明《きよくぶんめい》に公普《こうふ》すべき」であり、自分を使節にしてほしいと訴えている。

八月十七日に開かれた閣議では使節の派遣が決められ、喜んだ西郷は十九日に板垣へ礼状を送り、「生涯の愉快此の事」だと書いているが、この日天皇に上奏したところ、岩倉具視《いわくらともみ》の帰国を待って熟議し、再度奏聞《そうもん》すべしとの勅旨《ちよくし》が与えられていた。右大臣の岩倉は当時、使節団を率いて渡欧中だった。

### 岩倉、大久保の反対

九月十三日に帰国した岩倉は、すでに帰国して様子をうかがっていた大久保利通《おおくぼとしみち》や木戸孝允《きどたかよし》とともに、使節の派遣には反対だった。大久保が作成した意見書は、使節を派遣しても厚遇は期待できない以上、派遣より「先に開戦の説を決せざるを得ず」、しかしその戦争は財政的にも外交的にも不可であると主張している。軍事費の拡大は財政を圧迫し、殖産興業政策を挫折させ、ロシアや英国から干渉を受ける可能性もあると大久保は懸念する。使節派遣は開戦に名分を与えることになると捉えられていた。

三条も使節派遣は戦争に直結すると考えており、その準備が整っていないことを理由に、派遣を延期させたいと岩倉に書簡を送っている。この前日には西郷から、閣議決定が覆れば「死を以《もっ》て国友へ謝」するほかないとプレッシャーもかけられていた。

西郷との対決の決意を固めて大久保が参議に就任し、十月十四日の閣議では西郷が即時の使節派遣を主張して三条・岩倉の延期論と対立、結論が出なかった。翌日、西郷は「始末書」を提出し、使節を派遣して交誼《こうぎ》を深め、これが挫折してはじめて「曲事《きょくじ》分明に天下に鳴《なら》し、其罪を問うべき」で、まず「曲直判然」とさせることが肝要だと主張し、あらかじめ「非常の備《そなえ》」を設けて使節を派遣するのは礼を失すると述べた。

結局この日、三条の判断によって派遣論が決定される。三条は岩倉に宛てて、今日は論を変じて申し訳なく大久保も不平だろうが、西郷の進退について「不容易儀《よういならざるぎ》と心配」したのだと書いている。鹿児島士族の領袖《りょうしゅう》たる西郷の辞職がもたらす不測の事態を恐れたのであろう。

これを受けて大久保は辞表を提出、岩倉もあくまで反対を主張して辞意を示すなど、追い詰められた三条は急病に倒れる。ここで大久保は、いわゆる「一の秘策」(『大久保利通日記』)をもって逆転を目指すことになった。

十九日に岩倉が三条の代行となることが決まったため、岩倉が上奏に際して閣議決定とともに自分の意見（派遣延期論）を述べ、後者が採用されるよう宮中工作を働きかけたのである。黒田清隆《くろだきよたか》を通じた大久保の意を受け、二十一日までに宮内卿の徳大寺実則《とくだいじさねのり》が秘密上奏を行って天皇の支持を獲得する。それと知らない西郷は、江藤新平《えとうしんぺい》などとともに二十二日、閣議結果の上奏を求めて岩倉邸を訪れるが、岩倉は上奏に際して自分の意見も述べると主張して、決裂した。

二十三日、岩倉は天皇に上奏文を提出して使節派遣論を批判し、国内整備が先決だと主張し、閣議決定も口頭で上奏されたが、翌日に嘉納《かのう》されたのは上奏文であった。使節派遣は延期となった。のちに「明治六年政変」といわれる政府内対立は、西郷の敗北で終わった。

西郷の真意は征韓論になく、平和的交渉を望んでいたという見解もある。西郷は、板垣に対して使節派遣によって開戦の「名」が立つことを強調し、三条に対しては使節派遣によって交誼を厚くしてまず「曲直判然」とさせ、交渉の挫折を受けて「罪」を問うべきだと述べた。西郷の主張は、使節派遣に強いこだわりをもって直線的な武力行使に反対しつつ、その使節は開戦の前に位置づけられる論理構造になっており、岩倉や大久保は、これが戦争に直結するという立場から使節派遣に反対した。ここでは、その西郷の「名」や「曲直」に関するこだわりを記憶しておきたい。

## 西郷の下野

西郷は岩倉の上奏を前に辞表を提出、岩倉は受理をためらったが、大久保はこれを受けるよう勧告し、結局、陸軍大将については在職のままとし、参議と近衛都督の辞表は受理された。陸軍大将の辞表を受理しなかったのは、巨大な士族勢力を背景とする西郷を完全に野に放ってしまうリスクを恐れたためであろう。二十四日には板垣、副島、江藤、後藤象二郎《しょうじろう》の四参議も辞表を提出し、野に下っている。

辞表を出した西郷は数日郊外の越後屋別荘で静養してから、鹿児島に向かった。このとき、桐野利秋《きりのとしあき》（陸軍少将）、篠原国幹《しのはらくにもと》（陸軍少将）といった西郷股肱《ここう》の将官をはじめ、多数の薩摩出身の近衛将兵が職を辞して西郷と行動を共にした。明治天皇は近衛将校を召し、西郷を国家の柱石《ちゅうせき》として頼むことにかわりはないとして勅諭をもって慰留したが、近衛局長官の篠原は病と称してこれに赴かず辞表を提出、天皇はさらに侍従を派遣して篠原を召し、勅旨をもって慰留しようとしたが、篠原は結局帰郷した。

桐野、篠原をはじめ、別府晋介《べっぷしんすけ》、辺見十郎太《へんみじゅうろうた》、河野主一郎《こうのしゅいちろう》、永山弥一郎《ながやまやいちろう》、野村忍助《のむらおしすけ》、中島建彦《なかじまたけひこ》といった、やがて西南戦争で薩軍の指揮を執る面々は、いずれもこのとき西郷と行を共にしており、その総数は数百名にのぼった。

西郷が帰郷するとき、幼少期からの親友であり、いまや敵対することとなった大久保と告別の対面をしている。このときの場面を大久保は、「予が西郷と分るゝに臨み、既に別に言う所なく、又争う事もなかりき。彼は唯「何でもイヤダ」と曰うを以て、予も「然《しか》らば勝手にせよ」と言える位の物別れなり」(『鴻爪痕《こうそうこん》』)と回想している。果たして二人は、これが永別となることを予想していたか、どうか。

もう一人、征韓論の主唱者であり、西郷とともに下野《げや》した板垣退助もまた、西郷との永訣《えいけつ》を迎えようとしていた。去ろうとする西郷に対し、板垣は今後も行動を共にしようと呼びかけたが、西郷は、自分のことは気にせず「其為《そのな》すがまゝに一任せよ」と断った。板垣はこれに「西郷の慢心茲《ここ》に至るか」と嘆息しつつ、これからは民撰《みんせん》議院の設立を目指すべきではないかと語ると、西郷は言論をもって目的を達成できるとは信じられない、「自《みず》から政府を取て、然《しか》る後《の》ちにこの未曾有《みぞう》の盛事を行わん」と答えたという(『自由党史』)。すでに反乱への予感が胚胎《はいたい》していたのだろうか。板垣自身の回想によると、このとき西郷は「今後は全く関係を絶ちて予を捨てゝ貰《もらい》たし、予が今後の処《ところ》は絶念あらんことを望む」(『史談会速記録』第三二八号)と語ったという。

かくして西郷は政府に背を向け、しかし民権運動という新たな潮流に乗ることもなく、帰郷の途についた。鹿児島士族の面々が後に続き、そこに、反乱の火種が宿った。

## 政変後の東京——岩倉暗殺未遂と民権論

帰郷後の西郷と鹿児島士族の動向をみる前に、政府分裂直後の高知士族の動向に目を向けておかねばならない。政変後、まず反政府行動を顕在化させるのは、この高知士族の面々であった。

西郷とともに板垣退助も参議の職を降りたため、これにあわせて片岡健吉《かたおかけんきち》以下、池田応助《いけだおうすけ》、武市熊吉《たけちくまきち》、谷重喜《たにしげき》、林有造《はやしゆうぞう》、山田平左衛門《やまだへいざえもん》、島本仲道《しまもとなかみち》ら高知出身の軍人・文官四〇名余りが辞表を提出している。十一月、高知に帰郷するグループと東京残留組とが「海南義社《かいなんぎしゃ》」を設立した。その盟約趣意書には、帰郷組と東京残留組が連携して有事の際に全力を尽くすこと、すべては協議の上で一致して行動することなどが掲げられていた。ここで東京残留組の首領に推されたのが、武市熊吉であった。

武市らは在郷の同志と連絡を取り合いながら、岩倉具視の暗殺を企《くわだ》てる。逮捕後の彼らの供述によると、十一月に一度計画されていったん延期され、十二月中旬から下旬にかけて、あらためて実行が決定されたという。彼らは毎日岩倉邸の周囲を探って隙《すき》をうかがい、ついに明治七(一八七四)年一月十四日午後八時、赤坂喰違坂《くいちがいざか》を通りかかった岩倉の馬車を襲った。岩倉は斬られて軽傷を負ったものの、闇にまぎれて濠《ほり》に滑りこみ、水中に難を逃れている。

実行犯は武市熊吉とその実弟喜久万《きくま》以下の計九名で、征韓論を葬った岩倉の行為を「遺憾」として犯行に及んだ。実行犯は一月十七日から十九日にかけて逮捕されている。

一方、高知士族の領袖であった板垣は、実力行使とは別の方向を目指していた。林有造の回想によると、帰郷する林に対して板垣は高知士族の団結と討論、教育の重要性を語っている。その板垣と後藤象二郎、副島種臣、江藤新平の前参議、さらに由利公正《ゆりきみまさ》、小室信夫《こむろしのぶ》、岡《おか》本健三郎《もとけんざぶろう》、古沢滋《ふるさわうろう》（迂郎《うろう》）の計八名が民撰議院設立建白書に署名したのは、明治七（一八七四）年一月十二日のことであった。帰郷にあたって海南義社に加わっていた片岡もこの路線に参加し、武市一派が実力行使を虎視眈々《こしたんたん》と狙う一方で、自由民権運動の狼煙《のろし》が上げられようとしていた。その主体となる愛国公党が結成されたのが岩倉襲撃二日前の一月十二日、民撰議院設立建白書が提出されたのは、襲撃から三日後のことである。

## 佐賀の乱

この翌月、江藤新平を擁《よう》した佐賀の乱が勃発した。

江藤の出身地佐賀では当時、政府の欧化政策や専制圧制に不満を持つ「憂国党」なる一派が形成され、一方、江藤の影響を受けて征韓実施を唱える人々が「征韓党」を組織、反政府勢力を形成していた。明治六（一八七三）年十一月には征韓党の中心となる中島鼎蔵、村地正治らが鹿児島を訪れて西郷と桐野に面会し、呼応して征韓を断行するよう促したが、「時機がまだ早いと云う、一点張の論」（『江藤南白』）で拒否された。

中島らは江藤をその首領に戴《いただ》くべく上京し、帰県を求めたため、江藤も民撰議院設立建白書に署名した翌日、帰郷する。帰れば壮士に擁せられると心配する板垣に、江藤は現地の勢いには乗らず民権論でいく決心だと述べたが、帰郷前には、現在の藩閥政府は徳川幕府のようだと不満を述べ、「今日は、有志の士蹶起《けっき》して第二の維新を成就せねばならぬ時である」と話したとも伝えられている（同前）。

江藤は佐賀に帰り、続いて島義勇《しまよしたけ》（元秋田県権令《ごんれい》）も長崎入りした。島はもともと三条実美から佐賀鎮撫《ちんぶ》を託されて帰郷してきたのだが、船中で鎮圧のため佐賀県権令として赴任する岩村高俊《いわむらたかとし》の傲慢《ごうまん》無礼な振る舞いに憤慨して矛先を政府に転じ、憂国党を率いて蹶起することになった。岩村は熊本鎮台《ちんだい》を訪れて出兵を申し入れ、自らこれを率いて佐賀城に入城、二月十五日、江藤・島率いる佐賀軍が佐賀城を攻撃して反乱がはじまった。

政府側は、憂国党が官金を管理していた小野組の出張所に金談を迫ったことを理由に鎮圧を決定し、はやくも二月十日には大久保に司法・軍事のすべてをゆだねる決定を下していた。大久保は、この騒擾《そうじょう》によって人心が動揺して各地に波及することを恐れ、早期に鎮圧したいと申し出ていた。

佐賀軍の蹶起は鎮台の出動命令を受けて決められたが、「決戦之議」と題して公表された文章は、「国権行わるれば、則《すなわち》、民権 随《したがい》て 全《まっとう》し」と述べ、廟議《びょうぎ》が決した「征韓」の議が「二三の大臣」によって覆されたことを「国権を失うこと実に此極《このきわみ》に至る」と糾弾し、このままでは外国からの圧力も国内の貧困も増すばかりだと述べ、政府が兵を向けるならやむを得ず起《た》つほかないとしていた（『西南記伝』）。佐賀軍は緒戦において勝利を収めたものの、政府軍は東京鎮台、大阪鎮台などから続々と援兵を派遣して反撃、本格的な戦闘開始から一週間後の二月二十八日には政府軍が佐賀城を占拠、佐賀軍は壊滅した。

江藤はこの渦中に戦線を脱して鹿児島に向かい、西郷のもとを訪れて助力を依頼した。一敗地にまみれた江藤が西郷に会うと、西郷は長時間の議論の末、「幾度言っても己れの言を諾せざれば、当てが違います」（『南洲翁逸話』）と語ったという。

西郷の説得に失敗した江藤は鹿児島から高知に向かい、甲浦《かんのうら》で捕縛され、佐賀の裁判所で「梟首《きょうしゅ》」の判決を受け、四月十三日に処刑された。さらし首という過酷な刑に、せめて切腹でもさせてあげればよかった、なぜ同志として情けをかけなかったのかと西郷に詰め寄る者もいたが、西郷はこれを聞いて憮然《ぶぜん》とし、「三千の兵を見殺しにして逃げて来るような男にそんな必要はない」（『鹿児島百年』）と言ったと伝えられている。

## 台湾出兵

江藤処刑の翌月、台湾出兵が実施された。明治四(一八七一)年十一月、台風の暴風で漂着した琉球《りゅうきゅう》宮古《みやこ》島の漁民が現地住民に殺害される事件が発生しており、その罪を問うことを名目にしていたが、その背景には複雑な事情があった。

事件に対する対応をめぐっては、政府内で意見が分かれた。外務卿副島種臣は開戦を主張するが、大蔵省を取り仕切っていた井上馨《かおる》は国内情勢の不安定と内治優先の立場から「内国の事務鞅掌《おうしょう》多端なる、人心の危難恐悚《きょうしょう》する」なかで「兵事」は無用だと異論を唱えた(『世外井上公伝』)。結局、副島が清国に派遣されると、交渉の結果、琉球島民の居住する地域には清国の主権が及ばないとの言質《げんち》を得たと副島は信じたため、台湾での偵察が実施された。

事件発生当時から鹿児島県大参事大山綱良《おおやまつなよし》や熊本鎮台鹿児島分営長の樺山資紀《かばやますけのり》が派兵を訴えており、軍部や士族の間では台湾出兵論が高まっていた。外征は不平士族に職を与えるだけでなく、発足したばかりで不安定な徴兵軍に再構築の機会を提供するものでもあった。釜山の大日本公館からの報告が寄せられたのは、樺山の派兵論が提出された翌月のことであり、台湾問題は朝鮮問題に切り替えられ、問題化する背景となる。

実際の出兵は、一度決定されてから諸外国からの抗議を受けて延期となったが、台湾蕃地《ばんち》事務都督に就任した西郷従道《つぐみち》(隆盛の実弟)が聞き入れず、結局出兵は実施された。出兵に際して清国側が反対を表明し、撤退を要求してきたため、一時日清間で戦争が勃発《ぼっぱつ》する危険が発生する。海軍大輔《たいふ》川村純義《かわむらすみよし》や参議黒田清隆らは開戦論を主張し、川村は西郷隆盛を上京させて開戦準備をすることさえ主張していたが、八月に事態打開のため大久保が全権弁理大臣として清国に派遣されると、清国側に出兵を「義挙」と認めさせたうえで「撫恤《ぶじゅつ》」金を獲得し、撤兵することで合意、大久保は台湾に赴いて西郷都督らを説得し、撤兵させることに成功した。

次にみる私学校党の間では対清開戦に際して政府打倒を企てる動きもあったが、この妥結によって、そのエネルギーは鹿児島の一隅に圧縮して閉じ込められていく気配であった。

### 「私学校」の設立

西郷隆盛が鹿児島に帰ったのは、明治六（一八七三）年十一月十日といわれている。すでに東京では海南義社が結成され、武市熊吉らが岩倉の暗殺を計画しはじめていた。

鹿児島士族は当然のごとく動揺を見せており、桐野利秋が半年前まで司令長官を務めていた熊本鎮台では、長官の谷干城《たにたてき》にいわせると「兵隊恟々《きょうきょう》として静かならず」（「征韓論破裂記」『谷干城遺稿』）という状態で、実際に十二月七日に鹿児島分営が火災で全焼、これを機に将兵多数が職を辞して分営が解体され、熊本の本営でも暴動が発生し、鹿児島出身者の多くが帰郷するにいたっている。

帰郷した士族は職もなく、鬱屈を発散する機会もなく、いたずらに日を費やす者が多かった。明治七（一八七四）年六月、旧鹿児島城（鶴丸城《つるまる》）厩《うまや》跡に創設された「私学校」は、こうした士族を教育し、統御してまとめあげるために生まれた。西郷は自ら筆を取ってその綱領を記し、次の二ヵ条を掲げている。

一　道同うし、義協《かな》うを以《もっ》て暗に聚合《しゅうごう》せり。故に此理を益《ますます》研究して道義に於《おい》ては一身を顧みず、必ず踏行うべきこと。
一　王を尊び民を憫《あわれ》むは学問の本旨、然《しか》れば此理を極め、人民の義務に臨みては一向難に当り、一統《いっとう》の義を可相立《あいたつべき》事
（『鹿児島県教育史』）


一致協力すること、道義を重んじること、学問の本旨として尊王と民への憐憫《れんびん》を挙げ、危機に応じてはその義務を果たすことを求めていた。

実際西郷は、遠からず対外的な危機が生じると予想しており、私学校では、まさに「難に当り一統の義を立つ」人材の養成を目指していたようである。逆にいえば、彼は政府の国防体制に不安を感じていた。これから三年ほどのち、鹿児島を発って率兵上京するにあたって

西郷は、「外患」に対する国防力が脆弱《ぜいじゃく》であるため、「国難」に応じるべく兵隊をまとめてきたのだと述べることになる。

明治七（一八七四）年二月、佐賀の乱勃発を受けて内閣顧問島津《しまづ》久光《ひさみつ》が帰郷し、西郷に上京を促した際、自分は「国難に当って唯一死あるのみ」（『西郷隆盛全集』）だと答えて辞退した。「国難」への対応は、彼自身に残された役割としても認識されていた。

私学校は、銃隊学校と砲隊学校で構成されている。銃隊学校は旧近衛歩兵を生徒とし、元近衛局長官で陸軍少将の篠原国幹が主宰、生徒は五〇〇～六〇〇名を数えた。砲隊学校は砲兵出身者を生徒とし、村田新八《しんぱち》のもとに約二〇〇名の生徒がいたという。午前中に登校して戦術研究や漢学の講義などを受けた。

篠原国幹

幕末から西郷に従って志士活動をし、戊辰《ぼしん》戦争でも指揮を執った村田は、明治四（一八七一）年に宮内大丞《だいじょう》となり岩倉使節団に参加、欧米を実見して帰国するとすでに西郷は政府を去っており、あとを追って帰郷した。帰郷前に会った親戚の高橋新吉《しんきち》の談によると、村田は大久保に面会して政変の顚《てん》末《まつ》を聞き「道理に於《おい》て」納得したが、西郷の意見も聞いた上で去就を判断したいとして鹿児島に帰るという。現地から届いた音信によると、村田は西郷の話に「心事に於て」納得し、大久保と西郷、すなわち「道理」と「心事」の相克に苦しんで、ついに維新前からの西郷の「恩義」「情義」に進退を賭けることを決断した（勝田孫弥『大久保利通伝』）。

村田新八

　私学校は県内各地に分校が設けられ、交代で鹿児島の本校に通わせている。旧藩の慣行にしたがって、毎年島津歳久《としひさ》を祀《まつ》った平松《ひらまつ》神社や鹿児島神宮に参拝し、島津義弘《よしひろ》を祭神とする徳重《とくしげ》神社にも武装して詣《もう》でた。教育内容は戦術研究が中心で学科は付随的なものであり、「普通の私立学校というよりは、むしろ軍事教育乃至《ないし》精神修養の団結と云うに近く」（『鹿児島県史』）、その政治結社的色彩は次第に濃厚になっていった。

　陸海軍側も、こうした西郷の私設軍事力と必ずしも敵対関係にあったわけではなく、川村純義らも日清間の戦争勃発に際して西郷を司令官として迎えたいと考えており、台湾出兵には鹿児島士族数百名が従軍していた。

　銃隊・砲隊学校のほかに、西郷や桐野らが維新の功によって得た賞典禄《しょうてんろく》を原資とした賞典学校も設けられた。戊辰戦没者の後継者たる士官養成のための学校であり、外国人を含めた漢学・洋学教師をそろえて教育を施した。

また、留学制度も設けられ、明治八年度は木尾満次、救仁郷哲志、日高正雄、同九年度は野津伝之丞、柏原正一郎をフランスに留学させており、西郷への敬慕の情あつい旧庄内藩からは伴兼之、榊原政治の二名が入学している。このほか、下士官養成機関である旧教導団の生徒を収容して開墾や米、粟《あわ》、甘藷《かんしょ》の栽培などを行う吉野開墾社も設立された。西郷も開墾に従事し、社内には「一世之智勇を推倒《すいとう》し万古《ばんこ》之心胸《しんきょう》を開拓す」との西郷の書幅が掲げられた。

### 県政の掌握と二重支配のひずみ

私学校の勢力は、次第に県の行政機構にも浸透していった。鹿児島士族の大山綱良県令はかねて私学校に協力的だったが、地租改正に備えた区制整備にあたって西郷と相談し、その推薦を受けて私学校の有力者を区長や副区長、戸長、学校長などに多数任命している。

この結果、別府晋介は加治木《かじき》（現・姶良《あいら》郡加治木町）区長に、辺見十郎太は宮之城《みやのじょう》（現・薩摩郡さつま町）区長に就任するなど、区長の半数以上が私学校派で占められることとなった。区長が私学校への入校を勧誘したため、その勢力は拡大していく。警察も私学校派が人事を掌握《しょうあく》し、その長たる鹿児島県第四課長の中島健彦をはじめ、警部・巡査の多くが私学校から選抜された。まさに、「県下郷村の行政組織は殆《ほと》んど私学校派の掌握する所となった観」

（『鹿児島県史』）があった。この私学校区長のほとんどが、西南戦争に際して隊長クラスで従軍することになる。

歴史家の芳即正氏によれば、大山は士族の反発を招く家禄処分より、地租改正を優先させたという。西郷に相談して私学校党から区長を任命し、西郷も地租改正に反対する暴動がおきそうになった際には鎮定に向かい、私学校の協力を受けて土地面積の測量もかなり進んで地種区別も確定したようだが、実施段階になって戦争がはじまってしまった。もっとも、私学校と県という公私混在の二重支配はひずみを生まざるを得ず、加治木の別府区長は各家の土地割り当てを減らして土地を余らせ、それを区の管轄にして仲間に耕作させるなどしたため区民からの抗議を受けたが、打ち据えるなどして顧みず、西郷も別府を弁護したといわれている。

川上親晴《ちかはる》（のち警視総監）は、県官は、私学校の勢力に恐怖してこれを庇護《ひご》し、区民からの抗議にも耳を貸さずに呵責《かしやく》を加え、さらに警察に身柄を引き渡して拷問をほどこしたと述べている。川上は西郷に反発して退校を決意した。このように、私学校の基盤も磐石《ばんじやく》だったわけではなく、内部分裂の要素もはらんでいた。明治八（一八七五）年、私学校では城下・外城《とじよう》士族ともに生徒として、就職や就学のため上京することを禁じ、県外旅行も県庁が制限することになり、生徒の間から「不平の声随所に喧《やかま》しく」（「私学校党遭難記実」）なり、退校運動が持ち上がっている。

たとえば鹿児島市内の第七私学校では、野村政明らが東京に遊学したいとして旅行禁止に強硬に抗議したため、学校が閉鎖されるにいたっている。野村は屈せず西郷に直談判《じかだんぱん》に及んだところ、自説に同意する言質を得たため、大山も新たな学校建設を認めて、私学校とは独立した形で教育を行う「共立学舎」が設立された。教室では日本語を使わず英学、仏学が盛んに講じられ、野村ら四名は東京遊学の希望を実現している。

ほかの私学校でも、東京から帰った元将兵グループと在郷の青少年との間には意見の相違や衝突がみられ、私学校を辞めて共立学舎に入る生徒も少なくなかったという。

## 「反政府」の姿勢

鹿児島士族の間では政府に対する不満や批判が濃厚であり続け、四民平等や地租改正、秩禄処分にも批判的であったとされる。

明治六（一八七三）年七月にはじまった地租改正については、鹿児島では従来、知行地に農民の耕作地と士族の自作地とがあり、後者のみを士族の所有とすることになったため反発の声があがり、その所有地もこれまで正租がかからなかったのに地租が課されることになったため、不満をかきたてた。

かつて幕府や藩から支給されていた家禄については、明治六（一八七三）年十二月に家禄奉還者に公債を発行する政策が開始され、明治八年には米禄が金禄へと移行、明治九年にいたって家禄が廃止され、五年から一四年分の公債を発行して五分から七分の利子を支給することになったが、鹿児島では家禄の金禄への切り替えが実施されず、家禄廃止にあたっては騒動が発生、県側の陳情によってこれまで売買されてきた家禄は一〇年分を給与、利率を一割に設定する特例措置が施された。

私学校党の主義を示すものとして、明治八（一八七五）年五月五日付の『評論新聞』に掲載された「確議」と題する文章が知られている。鹿児島士族の「同盟」の柱となる考えを示したもので、圧迫を続ける欧米各国の日本への態度を「大恥辱」として受け止め、これを唯々諾々《いいだくだく》と受け入れる風潮に憤り、頽勢《たいせい》を挽回《ばんかい》して万国に対峙する奮発力もないと嘆く。ここで槍玉《やりだま》に挙げられるのは「洋癖《ようへき》にして開化に溺《おぼ》るゝ者」であり、朝令暮改の為政であり、外国交際上の失策であった。政府が状況を改善できないなら「天下の士族」がその責を負うべきだとも述べている。

桐野利秋は明治九（一八七六）年に語った「時勢論」において、時の政府を「金粉」や「綺羅《きら》」で表面ばかり着飾り、「利」に聡《さと》く「術」を恃《たの》み、「醜体」に目もあてられないと嘆き、「今の政府は国家の大双敵」だと断じていた。かつて「人斬り半次郎」として維新の現場に居合わせた桐野にとって、「政府」と「国家」は分離して捉えられており、その政府は私欲を満たそうとする人々で占められているとみなされていた。

石川県の石川九郎と中村俊次郎に語った談話では、西郷と自分は、日本は守勢に立つより「海外を伐《う》つ」べきだと考えており、「征韓の事」を実現して「国声」が海外に振るえば、日本の評価が変わり、条約改正を容易にすると語っている。

鹿児島士族の間には、地租改正や秩禄処分、急進的な西洋化への不満、征韓論の主張といった保守的・国権論的な政策批判と、有司専制や朝令暮改、奢侈《しゃし》・腐敗攻撃といった政権批判とが共存していた。幕府を倒した「雄藩」としての強烈な自負と経験を有する彼らにとって、こうした実態は「尊皇攘夷《じょうい》」や「万機《ばんき》公論《こうろん》」といった維新の趣旨に反するものと受け止められ、不満をかきたてたにちがいない。自負を有しながら活躍の場を得られない不遇な失業者としてのルサンチマンは、不満をさらに拡大させたであろう。さらに、彼らの反政府熱を煽《あお》ったのは、加熱する急進的なジャーナリズムであった。

福沢諭吉は明治九（一八七六）年に記した『分権論』において、武力反乱を無分別な行為だと批判しつつ、これを煽っているのは「怨《うら》むが如《ごと》く、訴るが如く」といったジャーナリズムだと指摘し、新聞記者が間接的に反乱を教唆していると苦言を呈している。その代表格が、「確議」を掲載した『評論新聞』であった。

反逆の思想

『評論新聞』は、明治六年の政変に際して愛知県の官吏を辞任した鹿児島出身の海老原穆《えびはらあつし》が、明治八（一八七五）年二月に立ち上げた政府評論雑誌である。過激な政府批判を展開し、西郷や大久保の盟友だった吉井友実《よしいともざね》が「十年戦乱の不幸を生ぜしは評論新聞の放論最も与《あずか》りて大なり」（勝田孫弥『西郷隆盛伝』）と述懐しているように、私学校党が愛読して重要な情報源になり、その反政府熱を刺激したといわれている。実際、海老原は桐野や篠原と郷里の親友で、各地に「探訪者」を派遣しては情報を集め、その一部を社説に載せ、あるいは別にまとめて桐野らに報知していたと告白している。

第二章で触れるが、海老原は桐野に直接蹶起を呼びかけ、挙兵当時の私学校ではこの新聞以外の閲読を禁止していた。

同誌の誌面では、強い士族意識が表明されつつ、征韓論を主張し、士族反乱を支持し、また開化政策批判、言論の自由、地方民会や民撰議院の設立、立憲政体樹立の要求などが展開され、武力による政府転覆が論じられることさえあった。

たとえば明治九（一八七六）年一月の誌面には伊東孝二の「圧制政府転覆すべき論」が掲載されている。伊東は、天賦人権論の立場に立って「権利自由」の不可侵性を主張し、政府は自由を暴力から守るために設立され、人民の保護と自由・幸福の実現を義務としていると規定する。その政府が言論や行動を束縛して幸福を阻害するなら「皇天上帝」の許すところではなく、「止むを得ざるの事機に至れば、或は旧来の暴政府を顚覆《てんぷく》して、更らに自由の新政府を建立することもあるべし」と主張した。

こうした抵抗権思想の模範となっていたのはアメリカの独立戦争やフランス革命であり、伊東はこのアメリカの「特立の檄文《げきぶん》」（独立宣言）やフランス「革命の檄文」（ジャコバン憲法前文「人権宣言」）の革命権の記述に言及し、日本でも今後専制政治が「自由・幸福」を害する場合、専制に服従するのを義務だと考えるべきではない、と論じている。

不平士族が欧米の革命や抵抗権思想に範をとる現象は、ちょうどこの頃みられはじめたものである。歴史学者の家永三郎氏によると、抵抗権思想が紹介された最初の事例の一つは、明治八（一八七五）年十月の『万国叢話《ばんこくそうわ》』第二号に掲載された箕作麟祥《みつくりりんしょう》の翻訳「国政転変の論」だという。これは、政府が「私利」を懐《いだ》いて「人民自由」に反するときは国民が兵力をもってこれを打倒すべきだと述べたもので、すでに反政府気分を濃厚にしていた『評論新聞』は、抵抗の理論的根拠として歓迎し、転載した上でこれは「民権の上」にある理論だと絶賛した。このため同誌編纂長の関新吾《せきしんご》が裁判所に呼びされて意図を問いただされているが、関の応答はまったく自信に満ちたもので、政府がもし極度に暴虐を働いて民を苦しめ、人民が哀訴嘆願しても容れられないなら、政府を打倒して自由の新政府を立てるのは道徳上許諾されると語って担当判事を激怒させている。

かくして「圧制政府」に対する不満は、西洋の思想と革命に理論的正当性を求めながら、しかし多分に「武士」としての使命感や維新の記憶を呼び覚ましつつ高揚し、武力の発揮へと傾いていった。

政府はこれに対し、讒謗律《ざんぼうりつ》や新聞紙条例といった法令を用いて新聞の発行禁止・停止処分や編集者・記者の逮捕・収監をもって取締まりを強化したが、それはむしろ政府に対する反発を強め、言論による反政府運動の限界や手詰まり感を増大させていく。

高知の立志社《りっししゃ》を代表する論客となる植木枝盛《うえきえもり》は明治九(一八七六)年六月、「自由は鮮血を以て買わざる可《べか》らざる論」(『湖海新報』十一号)を発表し、欧米の歴史に範をとりながら、圧制政府に対抗して自由を得るためには議論と鮮血による抵抗が必要であり、言論が圧殺されれば武力しかないと主張している。植木もまた、新聞紙条例違反で禁獄二ヵ月の有罪判決を受けて出獄したばかりであり、筆禍《ひっか》入獄の経験と言論への絶望感がこうした主張の背後にあった。以後、彼は一貫して言論自由と抵抗権の主張を展開していくこととなるが、それは一個人の思想にとどまらず、立志社の公式見解ともいうべき地位にのぼっていく。明治九(一八七六)年七月には社長の片岡健吉自身が「人民の為なれば政府は転覆する共可なり」(『保古飛呂比《ほごひろい》 佐佐木高行日記』)と発言していた。

## 鹿児島士族の動向

明治六（一八七三）年の政変以降、桐野利秋のもとには、いまこそ蹶起すべきだと求める士族がやってきた。しかし、主戦派と思われがちなこの陸軍少将も、すぐに起とうとはしない。

石川九郎らに語った談話で桐野は、政府が瓦解《がかい》した場合や対外的な危機が発生した場合など、「時勢」が到来してはじめて起たなければ成功しないと述べ、あくまで「機会を待つべし」と強調している。政府が「姑息《こそく》の条約」を結んで国威を貶《おとし》めるような場合、すなわち条約改正を実現して対等条約を締結するのに失敗した場合には、「在廷の女児輩」を退け、代わって各国にあたり、「抗敵の成敗を決する」とも語っていた（『西南記伝』）。

桐野利秋

欧米各国と結ばれていた不平等条約の改正は岩倉使節団が失敗して以来、まだ目処《めど》が立っておらず、ロシアとの間で明治八（一八七五）年五月に締結された樺太千島《からふとちしま》交換条約（千島列島を日本領とし、樺太の領有権を放棄した）も、国権を傷つけたものとして批判の対象となっていた。

岩倉具視に提出された密偵の報告書によると、明治七（一八七四）年九月二十七日、桐野は「天下の形勢、三年を出ずして一変すべし」と述べ、それまでは時機到来を待つほかないが、「奸臣《かんしん》」が専制を続けるなら、人民の恨みが破裂せざるを得ないと語っている。アメリカの独立戦争に範をとる桐野は、ワシントンにならって時機を待つと述べているが、台湾出兵の際の大久保の交渉については、清国側に金を渡して和平に持ち込んだのではないかとして、大久保は国を売った「賊」だと批判した。情報源は海老原だったようで、桐野は海老原からの書簡を見せたという。

時機を待つ桐野の不満は、専制と外交に向けられていた。歴史学者の落合弘樹氏は『秩禄処分』で、不平士族の首謀者や蹶起の趣意に家禄問題が掲げられることはほとんどなかったと指摘しているが、それは桐野も同様で、以後も彼は専制批判を口にしつつ、蹶起を抑える側に回っていく。しかし、これから「三年」を待たずに、私学校は破裂する。

# 第二章　蹶起

「武村の吉」

東京で、鹿児島で、全国各地で政府に対する不満が高まるなか、不平士族の視線は西郷隆盛の去就に注がれた。かの『評論新聞』（明治九年三月）は記している。世の民権家は鹿児島の景況を尋ね、征韓論者は西郷の挙動に注目している、「朝《ちょう》となく野《や》となく天下の士人は皆西郷公の進退動止に注目属目《しょくもく》せざるものなし」。鹿児島の僻地《へきち》にあっても西郷はきっと「我国の光栄」と「人民の安寧《あんねい》」を計画して機会を待っているにちがいない——。

そんな期待から背を向けるようにして、下野、帰郷してから西南戦争勃発までの三年余り、西郷はほとんど公に姿をあらわすことなく、鹿児島の武村《たけ》にあった自宅から畑に通い、あるいは山野で狩猟に励む生活を送った。

土地の人々の記憶に残された西郷の姿は、愛犬を連れた猟師であり、馬を牽《ひ》いて畑に向かう「武村の吉《きち》」のそれである。帰郷後ほどなく、大隅《おおすみ》地方の高須《たかす》川が鹿児島湾（錦江湾《きんこうわん》）に注ぐあたりにあった田中吉衛門方に滞在して狩猟を楽しんだ西郷について、吉衛門の次男山下喜畝は次のように回想している。

「翁は極めて平民的で、よく父爺《おやじ》などを表座敷から御呼びかけ下さって、親切にお話下さったものです。殊に猟犬を愛せられる事は又格別で、殆《ほと》ど寝食を共にせられる有様で、毎朝必ず背を撫《な》で櫛《くし》を入れて労《いたわ》られました」（『南洲翁逸話』）

中間《ちゅうげん》として西郷に仕えた長四郎によると、西郷は筒袖《つつそで》の上着に股引《ももひ》き、狩帽子に足袋といったいでたちで狩に出、愛犬を使って兎《うさぎ》を追い、巨軀《きょく》のわりに速い足取りで山道を歩んだという。犬への愛着はかなりもので、鰻丼を注文して犬にやったり、狩で獲った兎や鶏の大鍋もまず犬に与えていた。欧州留学中の従弟《いとこ》の大山巌《おおやまいわお》には、首輪を送るよう注文したりもしている。

普段は名前や身分を名乗らず、顔も知られていなかったため、狩猟中の訪問先や共同浴場で出会う人々から、食堂の店主、巡邏《じゅんら》の警官まで、ただの大男の猟師と間違えて接してしまい、あとで西郷と知って恐縮した、という人も多かった。吉野開墾社や西郷家の畑に出て耕作に汗を流すこともあり、狩や農耕に出かけないときは手習いや読書をして過ごしていた。

明治七年の初春、山川郷《やまがわ》の温泉滞在中に読んだ詩に、次のようなものがある。
幽居夢覚起茶烟　霊境温泉洗世縁
池古山深静於夜　不聞人語只看天
（『西郷隆盛伝』）

茶を沸かす煙に起き、世間を離れた山間の温泉で静かな夜を送りながら、天を見上げて過ごす生活には、人間や政治から距離をとって隠遁《いんとん》したい西郷の意志があらわれている。

ただ、当時の西郷自身の書簡をみると、猟銃や弾薬を求めたり農耕に汗を流したりしながらも、北京《ペキン》での大久保利通《としみち》の交渉や朝鮮との外交問題に関心を寄せたり、私学校の指導、区長の人選、遊女取締りの建議の起草や、地租改正に伴う土地の所有権確定をめぐる紛糾の解決にあたるなど、現実政治と浅からぬ関係も維持していた。

そこには県政や士族に対する関心からくる自発的な行動もあったろうし、頼まれて仕方なく動いたものもあったろう。家にいると来客が多いため、「早く行かんと又人が来て出はならぬ」といって急いで狩に出ることもあったが、狩から帰るとやはり客が待っており、湯治や狩猟の滞在先でも面会を乞《こ》う者は多かった。

かつて江藤新平がそうであったように、西郷に県政にとどまらない行動、直接行動を促す面々も少なくなかったし、政府がもっとも恐れたのも、その点にほかならなかった。山野に身を置く隠遁生活には、こうした警戒をやわらげようとする意図もあったにちがいない。

そんな彼の行動は、鹿児島士族の動静とともに、密偵に監視されていた。

帰郷直後の明治六（一八七三）年十二月付の密偵荘村省三の報告では、帰郷した近衛兵が市街付近の火薬庫に火をつけるという計画があり、延焼を恐れて「人心恟々《きょうきょう》」とする事態が発生したが、西郷が説諭して抑えたという。

明治八（一八七五）年十月に三条実美《さねとみ》に提出された密偵報告書は、台湾出兵で大久保が開戦を回避したことに憤激した面々が、岩倉、大久保、大隈重信《おおくましげのぶ》といった「廟堂《びょうどう》の奸臣《かんしん》を除く」計画を立案して西郷に示したが、西郷が大いに叱責《しっせき》したため中止になり、その後は「激論」が生じてもこれに懲りて実現できなくなったと報じている。この報告書によれば、西郷は朝鮮への使節に立てなかったことを遺憾とし、この上は「国家難あるとき諸君と共に斃《たお》れて尽す」ばかりだと述べていた。

こうした例は多かったようで、西郷が伊作《いざく》温泉（現・日置市）で湯治中に寓居《ぐうきょ》としていた田部家の当主信七は、「翁を訪問したる人は沢山あったけれども、議論に亘《わた》ることは少なかった。稀《まれ》に議論に亘ることがあれば、翁の一言に説伏せられ、二の句を次げる人はなかった」（『南洲翁逸話』）と述懐している。

西郷は、逸《はや》る士族たちを抑えていた。西南戦争が勃発したとき、大久保や木戸孝允《たかよし》をはじめ、西郷はこれに加わっていないはずだと信じた人々が多かったのもゆえなしとしない。

## 朝鮮問題の解決

西郷が下野している間に、懸案だった日朝の国交問題が解決した。

明治八（一八七五）年九月、日本海軍の艦艇「雲揚《うんよう》」がソウル近郊の江華《こうか》水道の河口に派遣され、ボートで陸に向かったところ、江華島の砲台から砲撃を受けた。帰港直後に提出された報告書によると、測量や調査のためボートを出して上陸しようとしたところ砲撃を受けたため、翌日、報復攻撃を行って砲台を破壊し、上陸して焼き払ったという。

これを機に朝鮮問題の解決が目指され、黒田清隆が全権として派遣されて明治九（一八七六）年二月、日朝修好条規が調印される。

西郷は江華島事件における日本側の対応について、強い不満を表明している。使節を派遣して交渉し、それが決裂して開戦したならば「理」にかなう戦争だが、それをせず、「姦計《かんけい》」をめぐらして戦端を開いたのか、あるいは使節派遣を恐れたのか、いずれにしても、今回の攻撃は「道を尽さず只《ただ》弱きを慢《あなど》り強きを恐れ候心底より起り候もの」にちがいない、と（『西郷隆盛全集』）。名分を重んじる西郷にとって、政府の行為は「術策」にしか映らなかったようである。

ともあれ、多年の課題だった隣国朝鮮との外交問題が決着したことで、国内政策の遂行に力点が置かれるようになり、明治九（一八七六）年三月二十八日に士族の帯刀を禁じる廃刀令を発令、八月には金禄公債証書発行条例を公布して、士族の家禄を公債証書として支給する代わりに、毎年の家禄を廃止することとなった。士族にとっては、名誉と家計、双方に対する大きな打撃をもたらした。国交樹立によって「征韓」の可能性が消えたいま、士族の不満のエネルギーは「内」において爆発せざるをえない。

かくして、明治九（一八七六）年十月から十二月にかけて、西日本各地で小規模の反乱が続発する。

## 士族反乱の続発

最初に発火したのは、熊本の敬神党《けいしんとう》（神風連《じんぷうれん》）であった。敬神党は幕末の尊皇攘夷家、林《はやし》桜園《おうえん》を師とする士族集団で、太田黒《おおたぐろ》伴雄《ともお》、加屋《かや》霽堅《はるかた》らが中心となっていた。重大事を決するにあたっては「宇気比《うけい》」という方法で神慮《しんりょ》を仰ぐ風習をもち、敬神、尊王、攘夷を綱領として西洋化を嫌い、帯刀を重んじた。攘夷を実行せず西洋化をすすめる政府に対する反感は強く、佐賀の乱の際にも呼応して蹶起しようとしたが、占いの結果「否《いな》」と出たため見合わせていた。

敬神党の反政府熱を一気に煽《あお》ることになったのが、廃刀令である。加屋は「廃刀奏議書」を起草、帯刀の伝統を綿々と綴り、刀剣を廃せば「皇道」の興復も「独立自立」の体裁も「国家の災害」の防御も実現できないと、その否を訴えた。彼らにとって悪しき西洋化の波は帯剣をも禁じるにいたり、ついに反旗が翻されることになる。挙兵にあたっては鹿児島の私学校、萩の前原党、秋月の宮崎党にも働きかけた。

明治九（一八七六）年十月二十四日、太田黒と加屋が神意を占って挙兵を「可」とする神告を得、挙兵する。檄文《げきぶん》では、帯剣を禁じ、キリスト教を蔓延《まんえん》させ、外国人を雑居させ、天皇を外国に遷幸させようとする「姦謀《かんぼう》」が露見したとして、「大逆無道」の「国賊」を「義兵を起し悉《ことごと》く令誅鋤《ちゅうじょ》」すると宣言した。

蹶起に参加したのは約二〇〇名、不意打ちで襲ったため、熊本県令安岡良亮《やすおかよしすけ》、熊本鎮台司令長官種田《たねだ》政明《まさあき》、いずれも殺害された。ただ、翌日には鎮台兵によって鎮圧され、太田黒、加屋をはじめ参加者の七割近くが戦死し、神風連の乱は収束している。

福岡の秋月（現・朝倉市秋月）で、秋月士族宮崎車之助《しゃのすけ》以下二三〇名が蜂起したのは、敬神党挙兵の三日後、十月二十七日のことであった。宮崎のもとに敬神党の使者が訪れたのは十月中旬で、挙兵の際に呼応してほしいとの依頼を承諾し、時を待っていたのである。二十七日に行動を開始した秋月党は、萩の前原《まえばら》党と合流する予定だったが、豊津《とよつ》士族と連携を組む間に熊本鎮台小倉分営の歩兵第十四連隊の襲撃を受けて壊乱、党は解散し、宮崎らは自刃《じじん》した。挙兵に際しては、専制と国威の低迷を嘆き、「義兵を挙げ、以《もっ》て君側《くんそく》の奸《かん》を攘《はら》い国勢を快復せんとす」と宣言していた。

秋月蹶起の翌二十八日、山口県の萩で元参議の前原一誠《いっせい》が約三〇〇名の同志をもって蜂起した。前原は参議、兵部大輔《ひょうぶたいふ》を歴任した後、明治三（一八七〇）年に辞任して帰郷し、以後野にあって政府への批判を強めていた。前原は、地租改正や樺太千島交換条約、秩禄処分、政府高官が私利を貪《むさぼ》っていること、征韓論の放棄などに不満を抱き、自分は「諫死《かんし》」するのだと語っていた。神風連の蹶起を受けて挙兵が決められるが、有志に宛てた檄文では、木戸孝允を想定していると思われる「〇〇〇〇」などが公卿《くぎょう》を欺《あざむ》き、「夷狄《いてき》」を横行させ、国家に危機をもたらしている「朝廷之賊臣」だと不満を表明している。

十月三十一日に政府軍と交戦したが敗れ、前原は翌日に海路東上して天皇に直訴を試みたが、途中で捕縛された。十二月三日、山口裁判所は前原に「斬首」の刑を宣告する。

萩の乱勃発の翌二十九日、旧会津藩士の永岡久茂《ながおかひさしげ》ら一八名も前原と呼応して千葉県庁を襲い、関東・東北の同志に蹶起を呼びかけようとしたが、移動中に思案橋《しあんばし》（日本橋小網町附近）で警察官にみつかり、格闘の末、捕縛された。

## 西郷の共感と動向

十一月初旬、西郷は桂久武《かつらひさたけ》に宛てた書簡で、「両三日珍しく愉快の報を得申し候」として萩、秋月、敬神党の蜂起に触れ、大阪あたりは手に入れたのではないか、鳥取、岡山方面も必ず起つだろうと述べ、前原は手広く仕かけたようなので、「此の末、四方に蜂起すべしと相楽しみ居《お》り申し候」と感想を記している。ただ、自分が急いで鹿児島に帰ると壮士が騒ぎ立てるだろうから、「決して此の方の挙動は人に見せ申さず」として、あくまで自重していたが、自分も一度起てば天下を驚かせるだけのことはしよう、とも述べた（『西郷隆盛全集』）。

これは士族反乱への共感と、自身の蹶起の可能性を述べた発言として注目されるが、この時点ではあくまで自重して私学校党に火をつけないように努めていた。萩の乱が勃発したとき、私学校内にも呼応して蹶起しようとする声があがり、西郷に蹶起を促す者もいたが、西郷は国内の騒乱は「邦家の大事」であるとして、これを「好機会と称するもの抑《そもそ》も亦《また》何等の意ぞ」（『西郷隆盛伝』）と叱りつけ、訪問者もそれ以上何もいえず退いたと伝えられている。

西郷がこれまでこだわってきた名分や時機は、整っていなかった。この年三月四日付の内田政風《まさかぜ》宛の書簡で西郷は、「畢竟《ひっきょう》私共《ども》素志においては、唯《ただ》国難に斃《たお》るるのみの覚悟に御座候」（『西郷隆盛全集』）と書いているが、彼がかねて述べていた、対外的な危機が発生した場合に備える、という姿勢は変わっていなかったのであろう。西郷はまだ起たない。起つほどの名分がなかった。

桐野も慎重で、神風連からの使者に対して、まだ起つべき時期ではないという立場を表明している。

この時期、農民層でも地租改正に反対する一揆が続発していた。明治九（一八七六）年五月には和歌山、十一月には茨城、十二月には三重と暴動が続き、いずれも鎮圧されている。長州閥を代表する木戸孝允は、大久保の主導する近代化政策に対して漸進《ぜんしん》論の立場から異を唱えており、地租改正もその性急な実施を批判、地租の減額を訴えていた。大久保も事態を放置できなくなり、十二月二十七日、三条に対して建白書を提出し、続発する蜂起による国家の損害は免れないとして、地租を減額、歳入の不足分は官庁の統廃合などによる歳出削減でまかないたいと述べた。

翌明治十（一八七七）年一月、地租は地価の三パーセントから二・五パーセントに減額され、教部省などが廃止、官員の給与も改定される。

## 鹿児島を放置するのか

木戸の不満は、全国で進む改革から一種の独立国のように取り残されていた鹿児島にも注がれた。批判の矛先は、特に鹿児島の士族保護政策に向けられ、それを許している大久保に突きつけられる。

政府は士族の家禄対策として、明治九（一八七六）年八月に金禄公債証書発行条例によって支給を廃止、五年から一四年分の公債を発行することになった。鹿児島士族はこれに反発する。給与された公債には二〇〇円未満に限り五分から七分の利子が付いたが、県内では県令の陳情が容れられないなら上京するという議論が起こり、隣県の蹶起を前に警備を理由として武装が整えられはじめた。この県令大山綱良《つなよし》の要求により、鹿児島では廃藩前から売買が許されていた家禄に限って一〇年分の公債証書を発行し、年利を一割とする特例措置が認められる。

家禄問題に向けられた鹿児島士族の不満はいったん落ち着いたが、木戸の怒りは爆発した。十二月五日の日記に「鹿児島の勢力にて独り幸福を得るに至りては、実に為政府不堪慨嘆《せいふのためがいたんにたえざる》也」と書き付けた彼は、翌月十八日に大久保を訪問し、鹿児島の威勢の前に恐怖して不公平な措置を取っていると嘆き、公平な処置を取るよう求めた。大久保も反論し議論は七時間に及んだ。

かつて木戸は、解散に反対する長州奇兵隊の騒動を自ら出向いて鎮圧した経緯があり、同じ維新の雄でありながら鹿児島だけが優遇されるのは我慢がならなかったにちがいない。

大久保も、何もしていなかったわけではない。明治九（一八七六）年七月には県令の大山を上京させて県庁の改革を指示している。県の参事や課長クラスの淘汰《とうた》を求めたのだが、大山は県官の総辞職を持ち出して抵抗し、物別れに終わった。

この年の暮れには鹿児島に内務少輔《しょうゆう》の林友幸《ともゆき》が派遣され、県庁を視察して大山と改革について協議したが、県庁の総辞職を恐れたためか異常はないと判断し、結局全員留任することが決められた。何も解決されないまま、林は一月二十一日、帰京の途につく。薩軍の閲兵式まで、わずか一ヵ月足らずである。

## 急変

周辺の蹶起や家禄問題で緊張感が高まっていた鹿児島の情勢は、実際のところ、すでに風雲急を告げていた。

「岩倉具視関係文書」に収められている密偵の報告書によると、明治九（一八七六）年十二月四日、桐野の別荘に西郷、篠原、村田以下が集会し、挙兵を求める別府晋介や辺見十郎太を西郷が「機を待つべし」と抑えた。だが、桐野も二、三人の大臣を殺せば政府は瓦解する、「姦臣《かんしん》を討ち、民の疾苦《しっく》を救う」べきであり、鎮台の徴兵など一撃で塵《ちり》にすると発言し、西郷がやはり時機をみるべきだと反論したという。同月中旬以降、県内各地から武装した士族が私学校に集合しており、政府が人心を掌握できていないことや、樺太千島交換条約問題、禄券問題などを口実に挙げているが、中心人物の議論はわかりにくいとしている。

この頃、親戚の高橋新吉が情勢視察のため村田新八のもとを訪れると、「私学校党の形勢は、実に苦心に堪えず、思うに、破裂は到底免れざるべし」として、いまや西郷でもどうすることもできず、「今日の現状は、恰《あたか》も四斗樽《だる》に水を盛り、腐縄を以て之を纏《まと》いたるが如し」、破裂するのは時間の問題だと語って、事態の切迫を大久保に伝えるよう頼んだ（『大久保利通伝』）。

熊本鎮台の密偵によると、明治十（一八七七）年一月、各地に集会した私学校党は、政府の「一切の措置」が誤っているとして、一日も早く政府に建言するか激論をもって重臣を動かすほかないと憤慨しているという。

海軍大尉黒岡季備は一月下旬に見聞した現地情勢について、蒸気船が蒸気を立てながら発船の号令がなく碇《いかり》を下ろしている状態だと表現し、いったん碇を上げれば暴発するにちがいなく、「暴発出京の趣意は、内政を改革し、民権を張るの説なり」「禄券の不平よりして、食うと食わぬとの界《さかい》なり、打出ずるより外《ほか》仕方なしと云う者もある由」などと報告した。桐野は、「外患」の機会を待つ西郷の主張はもう「古し」と嘲《あざけ》っているとの情報も伝えている（『大久保利通文書』）。

明治九（一八七六）年十二月に鹿児島入りした長崎県の密偵は、県内では大久保利通が島津家に礼を尽くさない不忠者だと述べて、上京を目指して銃器を携行し、酒樽を携える士族が跋扈《ばっこ》していると報じている。彼らは、次のように放歌していた。

「ハヤクユキタイ東京トヤラニ　ジャマナヤツヲバ　キリギリス」（『西南の役薩軍口供書《こうきょうしょ》』）

かねて反政府熱を煽っていた『評論新聞』（明治九年七月に発行禁止）の海老原穆《あつし》は、明治十（一八七七）年一月九日、桐野に宛てて、この一大好機会に「正に正《まさ》々堂々真に大挙して、全国人民の困苦を救うべき」だと記し、「積年の憤懣《ふんまん》を流血の中に晴らし」たいと蹶起を求めていた（『杉田鶉山翁』）。

内政改革への欲求から不忠への怒りまで、それぞれが不満を抱えて、立ち上がろうとしていた。村田の「縄」は切れようとしている。ちょうどこの頃、「発船の号令」を告げることになる一団が、鹿児島に向かおうとしていた。

### 視察団の派遣

林の派遣と同じ頃、つまり明治九（一八七六）年暮れ、少警部中原尚雄《なかはらなおお》、中警部園田長照、同末広直方、少警部安楽兼道、同高崎親章、一等巡査樋脇盛苗、元慶應義塾学生柏田盛文、元『評論新聞』記者田中直哉ら約二〇名が鹿児島に向かった。

いずれも鹿児島士族である彼らは、私学校党とは距離をとってきた面々で、その多くは十二月下旬に大警視川路《かわじ》利良《としよし》のもとに集められ、帰郷して私学校党の視察や説得にあたるよう指示を受けていた。

川路はまず情報収集の項目を示している。私学校党のいう政府の罪とは、大義名分とは何か。政府を打倒できると考えているのか、打倒後に天下を治めるべき人物はいるのか。挙兵の資金はあるのか、海路を取るなら船はあるのか、陸路を取るなら熊本鎮台を目指すのか。

説得を試みる際のポイントも具体的に示された。柳川《やながわ》、佐賀、福岡、山口、広島、水戸、いずれも起たないであろう。帯刀は違法であり、私兵を起こすのは「無名《むめい》の師」であり、「賊軍」である。いったい大久保に何の罪があるのか、私学校党の憎しみは嫉妬であり負け惜しみである。外城《とじよう》士族は、城下士族に欺かれ、「錦旗《きんき》」に反して「賊名」を蒙《こうむ》ってよいのか。政権をとる見込みも統治技術もなく乱を起こすとはどういうことか、天下の誰が与《くみ》するだろうか――。

川路が私学校党に抱く関心は、その挙兵の名分であり、戦略構想であった。説得のポイントは、反逆は嫉妬心による「無名の師」「賊」にすぎないという点であり、その主な対象は、旧藩時代から城下士族に蔑視されてきた外城士族であった。視察団のほとんどが外城士族の出身だった。

## 西郷暗殺計画の「自供」

明治十（一八七七）年一月から二月にかけて、実際に彼らは情報収集と説得を試みているが、二月三日から七日の間に私学校党に逮捕され、拷問の結果、西郷暗殺計画を自供する口供書が取られた。これが私学校党の怒りに火をつけ、暗殺計画について尋問することが挙兵の名分として掲げられることになる。

この計画が実際に存在したのかについては諸説あるが、逮捕劇の出現は、帰郷後まもなく中原尚雄が旧知の谷口登太《たにぐちとうた》にもらしたという次の発言を契機としている。

第一西郷隆盛を暗殺せば、必ず学校は瓦解に至るべく、其他桐野篠原の両士迄《まで》も斃候得《たおしそうらえ》ば、其跡は、至て制し易《やす》く、尤《もっと》も西郷には、同人知己の事故《ゆえ》面会を得て可刺殺《さしころすべき》覚悟に候。

（『薩南血涙史』）

この報告を受けた私学校党は激怒し、中原らは逮捕され、暗殺を自供する口供書が作成された。その口供によると、中原らは明治九（一八七六）年十一月と十二月に川路邸に集合し、十一月に川路は万一の事態になれば西郷と刺し違えるほかないと語り、十二月にも「動揺の機に投じ、西郷を暗殺致し」などと指示したという（同前）。

さらに二月十一日、野村綱という人物が鹿児島入りし、中原らの逮捕を知って自首した。十三日付の口供書によると、野村は前月に大久保と面会しており、その際大久保は、学校を設けて私学校党を離間させ、勢力を削《そ》ぐよう指示し、さらに中原らの派遣目的について、「其意は、畢竟《ひっきょう》主任の人を斃すか、又は火薬庫へ火差入《さしい》る等の事にて随分仕果《しはた》す」ことだと語った（同前）。暗殺計画には川路ばかりではなく、大久保も嚙んでいた、というわけである。

もっとも中原らは、この口供書は拷問によって捏造《ねつぞう》されたものであり、暗殺など考えていなかったと告発している。

三月、勅使柳原前光《さきみつ》が鹿児島に来訪した際に釈放された彼らは、その後、拷問を受けて口供書への拇印《ぼいん》を強要されたと供述した。

話は少し下るが、中原らは十二月に九州臨時裁判所から無罪放免の判決を受けたが、同裁判所では鹿児島で中原の取調べにあたった私学校党の中山盛高、河野通英、美代清容《みしろきよひろ》などが、中原らは暗殺について自供しなかったこと、口供書への拇印の強要を認め、有罪判決を受けている。

谷口も九州臨裁に提出した口供書で、中原から暗殺のことなど聞いておらず、口供書は私学校党が勝手に作ったのではないかと証言した。有罪判決を受けた中山も、無理に拇印させたのは「挙兵の名を仮《か》るが為ならん」と告白している（『西南の役薩軍口供書』）。その意味で、口供書は私学校党が挙兵の名分を作り上げるために捏造された可能性が高い。

だが、谷口は明治四十三（一九一〇）年になって、右の暗殺否定発言は取調べ側が削除・変更を加えたもので、中原からたしかに暗殺について聞いたと発言しており、脅迫によって証言を変更させられた、という話も伝えられている。

実態はみえにくく、真相はなお闇のなかというほかないが、中原自身、暗殺計画は否定しつつも、西郷を説得してもだめな場合に刺し違える決意を述べたことについては否定しておらず、同志のひとり高崎親章も、中原は説得が容れられなければ「刺し違えて死ぬ迄の事だ」と発言し、これに尾鰭《おひれ》がついて流布されたと語っている。

中原の不用意な発言が極度の緊張下にあった私学校側を憤激させ、あるいは利用され、拷問と口供書作成に結びついたというのが実態に近いのかもしれない。

視察団の参加者のなかには、後年になって事件に関する回想を残しているものが少なくないが、安楽兼道（のち内務省警保局長）の談によると、彼もまた私学校党に捕縛され、拷問を受けた上で暗殺を自供する口供書を示されて、無理やり拇印させられたという。

こうした苦難を経験した彼らの結束力は強く、戦後も交友関係を維持しており、明治十八

（一八八五）年六月に田中直哉が死去した際には、遺徳を讃えるために記念碑が建立され、発起人欄の筆頭には安楽、中原以下、視察団メンバーが名を連ねた。安楽は遺児田中彦に『西南血涙史』なる文献を贈っているが、その内容は暗殺計画を否定し、説得工作の内容を綴ったものであった。このことは、暗殺の否定、説得の実践という過去が、少なくとも視察団の私的空間において共有されていたことを示している。

### 脱出成功者・松山信吾

実際の視察団の活動内容について、その一行に加わりながら、ただ一人捕縛されず鹿児島を脱出した二等中警部松山信吾の報告にみてみたい。根占《ねじめ》（現・肝属《きもつき》郡南大隅町）出身の松山は二月二日に鹿児島を船で発ち、二月十四日に新橋に到着、この日のうちに警視局に現地情勢を報告した（「鹿児島実地見聞書」）。

一月十一日、安楽らとともに三菱汽船大有丸で鹿児島に到着した松山は、さっそく旧知の人物に私学校党に与《くみ》しないよう説得を開始した。また根占の実家では親戚の久木山早太という人物から耳寄りな情報を得ている。まだ私学校に入校していない久木山は、情勢探索のため鹿児島に入り、親類の小倉壮九郎《おぐらそうくろう》（種子島区長、東郷平八郎《とうごうへいはちろう》の実兄）と会ったところ、小倉はちょうど西郷に面会したあとだった。西郷はこのとき、「銃器を装い弾薬を用意」する事態について、「実に善《よ》からざることとなり」と懸念を示したという。

小倉は政変で陸軍大尉を辞めて帰省し、辺見や別府とともに区長に任じられた西郷股肱《ここう》のひとりだが、私学校の大勢とは異なる考えを持つ人物だったようである。久木山が、世間では大久保利通を姦物《かんぶつ》といい、福沢諭吉を共和政治主義者として批判しているがどうかと尋ねると、小倉は大久保を国家の功労者だと弁護し、福沢も民権論者であって、「其趣意たる国家を貴重し元気を旺盛にするにあり」、『文明論之概略』を一読せよとすすめた。さらに小倉は、私学校の目的も「民権の実績を見ん」ためだと述べ、久木山はこれに感動して入校を決意したという。私学校党といっても多様な性格があったことがうかがえる。

ただ、大勢は武装蜂起に向かって動いており、武器弾薬を収集する不穏な情報が寄せられるなか、松山は二月一日に実家を出て鹿児島に向かい、後述する弾薬奪取の現場に遭遇した。実行者や弾薬の量などについて聞き込みをした松山は、樋脇と面会して情報を交換、「実に今日は県内到処《いたるところ》私学校の気焔《きえん》及ばざる所なし」と慨嘆するのを聞き、二月二日に大阪行きの船に乗り込んだ。中原が逮捕される前日のことである。

## 政府の認識

話を西郷暗殺問題に戻そう。政府内では、暗殺自供の口供書は挙兵の名分作りのために捏造されたものだというのが公式見解となった。挙兵直前に大山県令と面会した海軍大輔川村純義は、「シサツ」への尋問が上京の趣旨だと聞かされたため、神戸から岩倉に電報を発し、真偽を川路に糾《ただ》してほしいと依頼している。岩倉はさっそく川路に問うたところ、暗殺と取り違えたのであれば思いもよらないことだと答えたため、岩倉は「シサツ」を「サシコロス」と誤認したのではないかと返電した。

二月十七日付の大久保等宛書簡でも岩倉は、挙兵の名分を得るために捕縛し、川路の命による「視察」だと問いただして策略に用いたのではないかと書いている。大久保もまた五月十九日付の書簡で、暗殺疑惑は「暴発之名」を得るためのもので、自分は「卑劣の名」を負わされて「迷惑千万」だと述べ、中原らの無罪判決を聞いたときには「実に大幸」だと書簡に記している。岩倉も大久保も、この計画について事前に知らなかったのはたしかであろう。

開戦後に発出される征討総督の訓諭（二月二十八日）も、暗殺計画は「無根の偽名」だと断じ、対外的にも、外務卿寺島宗則《むねのり》は三月十一日、駐日英国公使館の日本語通訳官アーネスト・サトウに対して、「かれらが自分たちの行動に口実と『名義』をあたえるべく、すでに帰県が知れていた警官たちを殴打することにより、自白を手に入れた」（『遠い崖十三』）と述べている。これにより、政府は開戦当初から、薩軍の挙兵の名分を否定することになった。

## 火薬庫襲撃事件

中原らが逮捕されたとき、すでにもうひとつの事件が勃発していた。いわゆる火薬庫襲撃事件である。

薩摩藩では島津斉彬《なりあきら》以来、積極的に近代的な軍事技術開発が進められており、磯《いそ》の集成館《しゅうせいかん》をはじめとして火薬、銃器の製作が行われ、火薬庫も藩内各地に設けられていた。廃藩置県後も、造船所は海軍省の所轄となり、火器硝薬製造工場も陸軍省の管轄となって、火器弾薬の製造が続けられていた。明治九(一八七六)年に西日本各地で反乱が続発すると、木戸はこれを鹿児島に置いておくのは危険であるとして大阪に移すよう主張し、いったんは見送られたものの、鹿児島の情勢が不穏の色を増すなか、明治十(一八七七)年一月、三菱会社の汽船赤龍丸が派遣されて秘密裏に火薬の搬出が実施されることになった。そして、これが私学校党の暴発につながる。

一月二十九日夜、私学校党の松永高美、堀新十郎、汾陽尚次郎が酒を飲みながら時事を痛論して気炎を上げていたところ、汾陽が、弾薬の搬出を許せば「国家一朝事あるの日、何を以て之に応ぜんや」(『西南記伝』)と発言、機先を制して火薬を押さえるべきだとし、おっとり刀で草牟田《そうむた》の陸軍火薬庫を襲撃、番人を捕縛して乱入した上で、小銃や弾薬六万発を掠奪《りゃくだつ》した。

翌日、私学校党の約一〇〇〇名が火薬庫を襲撃して、倉庫を破壊した上で弾薬を奪い、三十一日夜には磯の海軍造船所の火薬庫を襲撃、やはり弾薬二万四〇〇〇発と小銃を掠奪した。この前日、谷口が中原のもとを訪れて事件勃発を知らせ、仲間の姓名や暗号を聞きだしたとされる。

私学校党は二月一日と二日も造船所を襲撃して弾薬を掠奪し、造船所の宿直を殴って水に投げ込み、所内も破壊したため、ついに三日に造船所は閉鎖、造船所次長の海軍少佐菅野覚兵衛も退去した。以後、造船所は「集成館」に名称を復し、銃器、弾薬を製造していくことになる。

## 蹶　起

火薬引き上げは私学校側を挑発することになり、事態はもはや引き返せないところに来ていた。桐野利秋は別府晋介とともに篠原国幹《くにもと》の屋敷に集まり、

「年少輩、血気、大事を誤る。真箇《しんこ》千秋の恨事なり。然《しか》れども、今や衆志激揚矢の弦《つる》を離れ、剣の鞘《さや》を脱するが如し。抑えんと欲するも抑ゆべからず、禁ぜんと欲するも禁ずべからず。今日のこと、唯《ただ》断の一字あるのみ」（『西南記伝』）と述べたという。

狩猟中の西郷を呼び戻すため、弟の小兵衛《こへえ》らが派遣された。この面会の場にいた西郷の子

菊次郎が後年、牧野《まきの》伸顕《のぶあき》（大久保利通の次男）に語ったところによると、西郷は、「驚いて膝《ひざ》を打ち、「しまった」と言った」（牧野伸顕『回顧録』）という。西郷は、「斯《かか》る挙動を為しては天下に対して顔なし、事爰《ことここ》に極《きわま》れり」（『丁丑擾乱《ていちゅうじょうらん》記《き》』）と発言したとも伝えられている。

もはや抑えきることはできない。西郷は傷心のうちに鹿児島への途を急いだ。その帰路、筆を執って次の七言絶句を詠んでいる。

白髪衰顔非所為
壮心横剣愧無動
百千窮鬼吾何畏
脱出人間虎豹群

（『西南記伝』）

鹿児島には武装した士族が集合し、騒然とした状況になった。

西郷は二月三日に鹿児島に帰り、五日に私学校で今後の方針について討議が行われた。この二日前に中原は逮捕され、五日付で自供の口供書がとられている。

現地情勢を追っていた警視局の密偵横山勇蔵は、暗殺計画の露見によって県民が沸騰し、

「尤《もっと》も憎むべき奸賊は大久保川路なり……早く彼等が首を欠かん」と紛糾する様子を報告している。情報の流通も制限され、私学校党は『評論新聞』以外の閲覧を禁じていたという（「西南之役往復書」）。

五日の討議では、暗殺計画について糺すことが問題となったが、ならば西郷らが上京して政府に問い詰めればいいではないか、という意見も提出される。永山弥一郎は、西郷や桐野、篠原らが上京して政府に詰問すればよいと述べ、村田三介《さんすけ》は中原以下を護送して政府に採決を仰ぐべきだと主張し、野村忍助《おしすけ》は海路若狭《わかさ》に出《い》で京に入り、天皇に奏請して西郷を徴《ちょう》し、道を開かせるべきだと論じた。ただ、政府の警戒が強いため上京は無理という意見が強く、これらの意見は排除され、採られたのは率兵上京という強硬策だった。

六日に開かれた作戦会議では、西郷の末弟小兵衛が海路長崎に向かって軍艦を奪い、上京する案を提案したが、海軍力がないため支持を得られず、野村忍助は三道分進案を提案し、一は長崎へ、一は四国に渡り土佐の同志を糾合して大阪へ、一は陸路熊本から福岡を経て東上すべきだと述べたが、賛否両論あって支持はとりきれなかった。結局、池上四郎が全軍熊本を経由して上京し、抵抗されれば一部をもって抑えつつ前進すべきだと提案し、満場一致で議決された。

このときの私学校党を支配していたのは、怒りや焦燥感、そして圧倒的な自信であったと思われる。特に西郷暗殺計画は、それまで彼らが抱いてきた太政官政府に対するさまざまな不満に火をつけた。ついに、わが西郷を殺害するところまで、専制横暴は及んできたか——という怒りは、暗殺疑惑を挙兵の正当性の根拠にまで押し上げた。

しかし、本当にそれが挙兵の名分足りうるのか、具体的にどう上京するのか、戦争になった場合どう戦うのかといった疑問は、支配的意見にならなかった。非は政府にあり、義はこちらにあり、西郷隆盛という英雄と薩摩という「雄藩」に対する自信と自負があった。

## 西郷の心

「国難」という名分が成立しないまま抑えきれないで挙兵することは、西郷にとって遺憾であった。ただ、もはや事態は抑えきれず、生徒たちを見離して暴発させることもできなかった。同時に、暗殺計画を知った彼もまた、その存在を信じ、それが率兵上京の根拠足りうると考え、かつ、それは陸軍大将としての権利であると考えていたようである。

中原らの逮捕を聞いた西郷は二月四日、捕縛者を同部屋にしておくと口裏を合わせるとして別々に収監するよう指示する書簡を書き、その三日後には県令の大山綱良に、中原らの密謀は「大久保より川路への内意」によるものに相違ないとして、率兵上京して尋問することに決したと述べている。

大山の口供によると、この日西郷は、自分がこの地にいたら暴動はさせなかったが、今日にいたっては致し方ない、「中原等の事を聞くに、我が一身のことを自分にて取紏《とりただ》することは不都合なれども、已《やむ》を得ず自分が出京して大久保に尋問するに決したり」(「鹿児島一件書類」) と語ったという。

暗殺計画への大久保の関与は十一日に野村綱が自首してあきらかになったといわれているが、西郷は何らかの別の情報から、その以前に疑っていたようである。二月二日に政情視察のため鹿児島入りしていたアーネスト・サトウも、十日に川路の共謀者は大久保であると聞かされていた。

多数の兵隊を率いて東京まで無事に着くことはできないのではないかという大山に対して、西郷は、大将には全国の兵を率いる権利があり、時機次第では鎮台兵も引率しようと答えている。

結果からいえば、大山の指摘は正しい。ただ、西郷はこう信じた、あるいは信じようとしたのであろう。西郷は大山に、「二月下旬か三月上旬迄には大阪に達すべく」(「大山綱良口供」) と話し、さらに、中原らを殺害しようとする私学校党を、東京に着けば証拠となるといって押しとどめた。

かくして二月十二日、西郷、桐野、篠原連名の率兵上京の届が大山県令に提出される。

拙者共《ども》事、先般御暇《おいとま》の上、非役にして、帰県致し居り候処、今般政府へ尋問の筋有之《これあり》、不日《ふじつ》に当地発程候間、為御含《おんふくみのため》、此段届出候。尤《もっとも》旧兵隊之者共、随行、多数出立致候間、人民動揺不致様《いたさざるよう》、一層御保護及御依頼候也。

（『西南記伝』）

大山はこれを受けて、各県・鎮台に対して西郷上京の旨を通知した。そこでは、中原らの企《くわだ》てが発覚したので、西郷、桐野、篠原が政府に尋問する届出を受け付けたと述べ、中原らの口供書を添付している。

翌日、三条実美にも同様の内容が報知された。口供書は一万部ほども印刷されて県内各地に貼り出され、鹿児島県人はことごとくこれを信ずるにいたったという。熊本県の密偵は二月十一日付の報告で、刺客問題をきっかけに「君側の奸を除くとの口実」をもって挙兵し、鎮台が行軍を妨げればやむを得ず合戦に及ぶようであり、刀と銃を携えた面々が所々に屯集していると伝えている。

県令の大山は県庁内に薩軍のための炊き出し所を設置し、資金面でも薩軍を支援するなど、県庁を兵站《へいたん》本部として機能させた。大山自身、西郷暗殺計画の実在を信じていた。サトウは九日に大山と面会しているが、大山は右の届出と「陰謀者のリスト」を見せ、さらに次のように語ったと、サトウは日記に記している。
「江戸政府の支援を受けた西郷暗殺の陰謀は本当に存在したのであって、陰謀者らが自白したのは、このことである」(『遠い崖十三』)

## 川村純義の派遣

火薬庫襲撃事件が発生したとき、政府の中枢は京都と東京に分離していた。明治天皇は奈良・京都行幸のため、一月二十八日に京都入りしており、鹿児島の警報が入ると、供奉《ぐぶ》していた海軍大輔の川村純義が状況視察のため鹿児島に派遣されることとなった。川村は薩摩士族の海軍中将である。

二月七日に海路神戸を出航した川村は、九日には鹿児島湾に到着したが、すでに私学校党は出兵準備を進めており、「陸に近づくに随《したが》い、銃声相聞え」、帯剣して銃を持った者が監視している状態で、上陸できない。乗船して川村と面会したのは県令の大山だが、大山はまず暗殺計画の証拠を得たとして政府を批判し、西郷は政府に尋問するため上京し、私学校党も護衛のため随従すると述べた。川村は、裁判を経なければ暗殺計画は信じがたいとして進発を思いとどまらせるよう求めたが、大山はすでに遅いとして応じず、陸軍大将が兵を率いるのは当然だと語気鋭く論じた。

川村は西郷との面会を希望したため、大山が仲介することとなり、西郷も「此際《このさい》川村と面接する、一利なしとせざるべし」（『西南記伝』）として会うことにしたが、いざ面会に赴こうとすると桐野（篠原ともいわれる）がやってきて、ここにいたって会う必要はないとして止めたため、中止になった。

川村純義

おそらく、これが挙兵を阻止する最後のチャンスだったであろう。川村自身、「今日考えて頗《すこぶ》る残念に思うことは、私が最初五六日も遅れて薩摩へ向ったことで、あれが早かったならば、西郷に賊名は蒙《こうむ》らせなかったじゃろうと思う」（「伯爵川村純義追憶談」『敬天愛人』第十九号）と述懐している。面会中止を聞いた西郷小兵衛は、「嗚呼《ああ》、豎子《じゅし》大事を誤る」（『西南記伝』）と天を仰いだという。

面会に来ない西郷を大山が訪ね、出征の延期を求めたところ、西郷は、「夫々《それぞれ》ならば強《しい》て出るにも非《あらざ》れども、千万六《むつか》ヶ敷《しき》ことならん」（「鹿児島一件書類」）と答えている。どこか、あきらめたような口ぶりである。

## 生命線としての西郷

これと似た印象深い場面がある。二月十一日、西郷は鹿児島病院のウイリアム・ウイリス医師のもとを訪れ、ここで、幕末以来の旧知の仲だったアーネスト・サトウと会った。サトウはそのときの様子を日記にこう記している。

「西郷には約二十名の護衛が付き添っていた。かれらは西郷の動きを注意深く監視していた。そのうちの四、五名は、西郷が入るなと命じたにもかかわらず、西郷に付いて家の中へ入ると主張してゆずらず、さらに二階へ上がり、ウイリスの居間へまで入ると言い張った。結局、一名が階段の下で腰を下ろし、二名が階段の最初の踊り場をふさぎ、もう一名が二階のウイリスの居間の入り口の外で見張りにつくことで、収まりがついた」(『遠い崖十三』)

旧交を温める再会の場面となるはずの機会も、監視のなかで「会話は取るに足らないものであった」とサトウは記している。暗殺の危険が報じられた前年十月頃から、西郷に警護が付けられ、鹿児島帰宅後はさらに強化されていたが、この異常なまでの「護衛」と「監視」は、身辺警護の名の下に、西郷の行動や発言までもが拘束されていたことを示唆している。

サトウの同僚だった英国公使館書記官のマウンジーは、川村との面会が妨げられたのは、西郷が暗殺の企てについて疑問を持ったり、和議にいたるのではないかと恐れたためだという見解に賛意を示している。

だが、すでに挙兵を決している桐野以下の私学校党にとって、維新の英雄であり陸軍大将であり私学校の創設者である「西郷隆盛」は自軍の正当性の根源であり、その暗殺への問罪こそが挙兵の名分であった。文字通り、西郷の身命は薩軍にとって生命線だったのであり、ことここにいたって命を落としたり、挙兵をやめたり、妥協的発言をしたり、政府に拉致《らち》でもされたら如何ともしがたかった。

西郷に求められるのは勇敢で闊達《かったつ》な行動よりも生命の保全と静止であり、自由な発言よりも沈黙であった。西郷のいない反乱軍など「蜘蛛《くも》の子を散らす」ようなものだと語るのは大久保だが、そのあたりの事情は桐野らこそ認識していたであろう。

「西郷隆盛、仏か神か、姿見せずに戦する」

俗謡に歌われることになる特異な薩軍の戦争指導体制は、こうして生まれていった。

## 西郷参加への疑問

西郷と面会できないと聞いた川村は、鹿児島を離れることとなった。これを聞いた野村忍助は、川村が帰京すれば長崎と下関の警備が厚くなるため、若狭に上陸して京に出、天下に檄を飛ばし、その間に小倉に進出すべきだと説いた。だが桐野と篠原は、「此事たるや元西郷先生を暗殺するに出ず。故に政府に尋問せんと欲するなり。何ぞ此《かく》の如《ごと》き権謀術数を用いんや」と答え、「軍略を作らん」と説き続ける野村に耳を貸さなかったという（「野村忍介自叙伝写本」『西南戦争之記録』第二号)。

一方川村は、「西郷の心事を察して見ると、真に気の毒だ、警視庁から刺客が来たとか何とか云うて、すっかり欺《あざむか》れて仕舞って居るだろう、今日面会の出来ないのは甚だ遺憾である」(「伯爵川村純義追憶談」)と大山に語り、心中では戦争やむなしと判断して鹿児島湾を離れた。二月十二日、川村は帰路の尾道《おのみち》から陸軍卿の山県有朋と工部卿の伊藤博文《ひろぶみ》に電報を発信し、「到底鎮定すべからず、既に挙兵の勢に迫り」と伝え、熊本鎮台に警備を強化するよう指示している。

だが、政府はまだ、西郷の参加を疑っていた。

二月十二日、閣議は東京にいた大久保の京都出張を決めたが、岩倉らは西郷や島津久光の去就は不明だとして、勅使を発して西郷を説諭したいと述べていた。岩倉だけでなく大久保も木戸も、西郷が挙兵に加わっているとは考えていなかった。

大久保は、西郷と久光は暴徒に加わっていないとみなし、暴徒を抑えるよう特別の沙汰《さた》を出してはどうかと電報を打っている。岩倉は自ら勅使に立とうとしたが止められ、十七日、有栖川宮熾仁《ありすがわのみやたるひと》親王が勅使の任にあたることになった。大久保は勅使に警備兵を付け、「手切れ」になればこの警備兵をもって「断然処置」すべきだと岩倉に伝え、勅旨《ちょくし》は「汝《なんじ》国家の柱石、玉石混交致さゝるより力を尽せとの大意」(「電報発信原稿一」)だと述べた。「玉石混交」

だけは避けねばならなかった。

すでに二月九日、大久保は鹿児島県庁から派遣された渋谷彦助と会い、蹶起を求められた西郷は同意せず、説諭も効かないとみて姿を隠したと聞いている。この情報を大久保は岩倉に伝え、西郷がいなければ「蜘蛛の子を散らすが如き」ものだと書いたが、岩倉も西郷関与せずとの報に「天下大幸此事」だと返信し、三条と木戸には、謀主は桐野ではないかと書き送った。

のちに渋谷情報は虚言であると川路が伝えてくるのだが、西郷の不関与は信ずべきもの、また期待すべきものであった。

### 大久保の西郷への思い

この西郷を、大久保は自ら説得にあたりたいと考えていたようである。

二月七日付の伊藤宛書簡で大久保は、鹿児島の暴発は桐野以下の行動に相違ないと述べている。大久保は現地報告によって、対外関係が悪化した際に「断然突出」するといっている西郷を、桐野は古臭いと嘲笑《ちょうしょう》していると聞いており、これが実情だろうと判断していた。その桐野以下が騒ぎ立てて抑えられなくなったが、西郷はこんな「無名之軽挙をやらかす」はずはない。もし加わっていれば「残念千万」であると大久保は記している。

二月十六日に京都に着いた大久保は三条と面会し、西郷の心を知るものは自分以外にないとして、西郷と会って説得すれば私学校党を抑えられるだろうと述べたという。

伊藤博文は、「己が西郷に逢いに行く」という大久保を、もし鹿児島に行けば西郷と刺し違えて死ぬのではないか、大久保が没すれば自分が内務卿の大任を背負わねばならなくなる――と感じて反対したと後年回想している。内務権大書記官だった松平正直《まつだいらまさなお》によると、このとき大久保は「今でも逢えばすぐ分かるのだ、逢えばなんでもないのだが、逢えぬので困ると言われた」（佐々木克監修『大久保利通』）。

二人が訣別することになった四年前の政変でも、西郷がこだわったのは名分であったし、その姿勢を大久保は親友として熟知しており、過去の士族反乱の際も西郷は起たなかった。岩倉や木戸なども西郷をよく知るがゆえに、かかる軽挙に加わるはずがないと考えていたのだろう。

大久保利通

もし戦争となった場合も、大久保は勝てると確信していた。二月七日付の伊藤への書簡で大久保は、「此節《このせつ》事端を此事に発《ひら》きしは、誠に　朝廷不幸之幸と窃《ひそか》に心中には笑を生候位に有之《これあり》候」と笑みさえ浮かべている。この機会に鹿児島の病根を一掃できるという展望もあった。

この書簡で大久保は、西郷が関与していようといまいと、全国に波及しないよう追討令や陸海軍の準備は万端進めておくべきだと述べている。戦争を覚悟しつつ、川村の派遣にも期待を寄せるのがここでの大久保の姿勢だが、まさか自分が西郷暗殺を企てた張本人と信じられ、西郷自身がその「罪」を詰問すべく上京しつつあるとは考えなかったにちがいない。

### 大久保への絶望と征討令発令

一方、鹿児島を発つ二月十七日、西郷は県令の大山に次のように語り残している。暗殺計画には川路だけでなく、大久保も関与していたらしい。私学校党をまとめてきたのは外患に備えるためだったが、事情が切迫したためやむを得ず兵隊を引率して大久保に対決し、自分に非があれば甘んじて罪を受ける。ただ、なぜ大久保は自分を疑ったのか、と。

大久保に於ては何の謂《いわ》れを以て隆盛は事を起すならんと見込たるや、其辺も詰問すべく、一体大久保は足下《そっか》の承知の通り、幼年より一家親子同様の交《まじわ》りをなしたる者故、拙者に於て疑いあれば上京を申越すか、自ら帰県して其事情を談ずるか、又委《くわ》しき書面にても差越《さしこ》すべき筈《はず》なり。（「鹿児島一件書類」）

有事の国防のために士族をまとめてきた西郷が、その士族を率いて大久保に尋問せざるを得ないのは遺憾であった。名分にこだわり続けた西郷が、名分なき蹶起に踏み切らざるを得なかったところに、悲劇がある。ただ西郷は、大久保がなぜ自分を疑うにいたったのか詰問せざるを得ないという。家族同様に育ってきただけに、疑いがあれば上京させるか、こちらに来るか、手紙でもよこすべきではないか。

挙兵の段階で、西郷と大久保はその親交のゆえに、一方は裏切りへの絶望に似た感情を抱いて詰問に向かい、一方は信頼関係に託して対話に向かおうとしていた。二人の間に流れていた三年余りの時間はあまりに長く、生きている空間があまりに違いすぎた。

二月十八日、熊本鎮台から薩軍接近の報が伝えられると、勅使の派遣は中止、翌日に征討令が発令され、二人の邂逅《かいこう》の機会は永遠にうしなわれた。

「鹿児島県暴徒、擅《ほしいまま》に兵器を携え、熊本県下へ乱入、国憲を不憚《はばからず》、叛跡顕然《はんせきけんぜん》に付《つき》、征討被仰出《おおせだされ》候条、此旨布告候事」（『明治天皇紀』）

有栖川宮は征討総督となり、山県有朋、川村純義がそれぞれ参軍として陸海軍を指揮することになった。護衛兵を指揮する予定だった野津鎮雄《のづしずお》少将と三好重臣《みよししげおみ》少将が、それぞれ第一旅団、第二旅団の司令長官に就任する。

# 第三章　熊本城籠城戦

**戦争準備**

川村純義《すみよし》が鹿児島に到着した明治十（一八七七）年二月九日、陸軍卿山県有朋は各鎮台司令長官に警戒を命じた。山県はすでに一月二十八日に鹿児島不穏の情勢を捉えて熊本鎮台の谷干城《たてき》司令長官に備えをなすよう令していたが、この日の警戒命令でも、熊本、福岡、山口と反乱が続発して人心恐々としているため、何があっても逡巡《しゆんじゆん》せずに対応できるよう士気を高めて後命を待てと指示している。薩軍はまだ出発していないが、陸路を取った場合、熊本鎮台がこれを防ぐことになる可能性が高い。

政府側は熊本鎮台の防備を固めながら、全国的な動員体制を強化していく。翌二月十日、近衛歩兵第一連隊、東京鎮台歩兵一個大隊、同山砲兵一個大隊、同騎兵一個分隊、同輜重《しちよう》兵一個小隊、大阪鎮台歩兵一個大隊、同山兵砲一個大隊に出動命令を発令、十二日、山県は三条実美《さねとみ》太政大臣に軍としての戦略方針を提出した。

そこに示されたのは、強い危機意識である。山県は、鹿児島が起てば、肥前《ひぜん》、肥後《ひご》、久留米、柳川《やながわ》、阿波《あわ》、土佐、因幡《いなば》、備前《びぜん》、備中《びっちゅう》、備後《びんご》、彦根《ひこね》、桑名《くわな》、静岡、松代《まつしろ》、大垣《おおがき》、高田、金沢、酒田、津軽《つがる》、会津《あいづ》、米沢《よねざわ》、館林《たてばやし》、佐倉《さくら》などが起ち、「実に天下の大乱」となるであろうと予測している。

こうした懸念は当時の政府中枢を支配しており、岩倉具視《ともみ》も三月九日付の三条宛書簡で、金沢、茨城、会津、弘前《ひろさき》、鶴岡《つるおか》などの挙動不審を伝え、鶴岡士族の対応に手をこまねくと「東京の脚下《きゃっか》」にも不測の事態が起こると懸念を表明している。特に岩倉が心配したのは高知の情勢で、板垣と立志社が暴発すれば「四国一般」に反乱が及ぶと考えていた。

山県の予想では、薩軍は船舶をもって東京か大阪に突入するか、長崎と熊本を襲撃して九州を制覇し、中央に進出するか、鹿児島に割拠して全国の動静をうかがい、時機に応じて中央を目指すか、いずれかを取るだろうが、政府軍としてはその本拠地たる「鹿児島城を滅却する」ことを第一目標とするという。

結論からいうと、薩軍はこのいずれも取らずに一路熊本を目指すのだが、山県は後年、もしこの三策のどれかが取られていたら反乱の焔《ほのお》はさらに拡大しただろうとして、予想があたらなかったのは「実に国家の幸であった」（『公爵山県有朋伝』）と述懐することになる。

戦略方針で山県は、通信線の構築によって「百方臨機の指令」を実現すべきだと述べている。実際に政府軍は伝令や狼煙《のろし》などに加え、この有線電信を積極的に活用して、情報伝達において薩軍に大きなアドバンテージをとることになる。山県は「交通線」の重要性も指摘しているが、この点は海軍力を持たない薩軍に対して圧倒的に優勢に立っており、政府は海軍と三菱などの民間所有船の動員によって制海権を掌握し、警備、連絡、通信、輸送、そして艦砲攻撃などを展開していく。

二月二十日、征討令発令を受けて編成された第一・第二旅団が神戸を出航し、二十二日に博多に到着した。翌日には両旅団が福岡を出発して南下を開始し、二十五日には山県、二十六日には有栖川宮も福岡に到着、二十八日には征討軍の戦争目的を示す訓諭が発令される。

> 豈図《あにはか》らんや、隆盛以下自ら其名なきを悪《にく》み、東京巡査其他帰県せる者数十名を縛し、負わしむるに無根の偽名を以てし、強《しい》て名義を設け、檄《げき》を全国に伝え、恣《ほしいまま》に兵器を携帯し、国境を鎖《とざ》し、已《すで》にして闔県《こうけん》の兵を挙て熊本県下に闌入《らんにゅう》し、官兵に抗敵し、其兇威《きょうい》を逞《たくまし》くせんとは。……乃《すなわ》ち天兵を挙げ、急《にわか》に大旆《たいはい》を西《にし》し、速《すみやか》に其渠魁《きょかい》を殲《ほろぼ》し、脅従《きょうじゅう》は治することなく、以て　天皇の慈仁《じじん》、蒼生《そうせい》を愛育する恩覆載《ふうさい》に同じきを知らしめんとす。

(『明治十年征討軍団記事』)

政府軍はまず、西郷以下は暗殺計画なるものを捏造《ねつぞう》して名分を創出したとして、その正当性を否定した上で、自らの名分を掲げたのである。勝手に兵器を携帯して熊本に乱入し、官に抵抗する「兇威」を、「天兵」によって殲滅する――。

征討には、この機会に不平士族の拠点を打破し、一挙に問題解決を図ろうとする政府側の意図も働いていた。岩倉は二月十七日、木戸孝允《たかよし》に宛てた書簡で、「今度は速に西南一県の大病根一挙本快すべきの機」であると述べ、天下の士族が依拠するのは鹿児島のみであり、大久保はじめ在官薩摩出身者も「親を亡《ほろぼ》すの誠心」を示しているだけに、この時を逃さずに討滅するほかないと書いた。木戸もまた、この戦争は「国家成敗の分るゝ所」だとして、自ら征討の任にあたりたいと熱望していた。

### 薩軍の出兵

二月十二日、鹿児島を発った熊本県の密偵の情報として、現地で見た薩軍の動員状況が大久保と山県に「彼地にて兵隊を組むを見たり。人員凡《およそ》四万七、八千もあり」(『山県有朋関係文書』)と伝えられている。山県のもとにはこの前日にも熊本県から「海陸二万五千人一応鹿児島へ集り」（同前）という情報も寄せられていたが、いずれも過大な見積もりで、実際に出兵したのは荷駄方などを合わせて一万六〇〇〇名ほどであったといわれている。薩軍は、これを約二〇〇〇名で構成される大隊に編成した。大隊は約二〇〇名からなる小隊で構成され、その第一小隊長が大隊長を補佐する仕組みである。

出兵時の編成は、次のようなものである。

一番大隊長　篠原国幹《くにもと》　一番小隊長　西郷小兵衛
二番大隊長　村田新八　一番小隊長　松永清之丞
三番大隊長　永山弥一郎　一番小隊長　辺見十郎太
四番大隊長　桐野利秋　一番小隊長　堀新次郎
五番大隊長　池上四郎　一番小隊長　河野主一郎
六番・七番連合大隊長　別府晋介
六番大隊長　越山休蔵《こしやまきゅうぞう》　一番小隊長　鮫島敬輔《さめじまけいすけ》
七番大隊長　児玉強之助　一番小隊長　坂本敬介

（『西南記伝』）

二月十四日、私学校前面にあった旧練兵場で閲兵式が行われ、前衛部隊として別府の率いる六番・七番連合大隊が加治木《かじき》から大口《おおくち》方面に出発、翌十五日から十七日にかけて順次本隊が出発し、西郷も十七日に鹿児島城下を後にした。鹿児島は稀に見る大雪で進路は難渋し、熊本城外の川尻《かわしり》周辺に集結するのは二十一日になる。

五番大隊に従軍した宮里正芳は、日記に次のように記している。

「十四日　雪天　一番大隊より五番大隊迄《まで》旧練兵場へ揃屯し、隊の互組あり」
「十五日　雪天　一番大隊より二番大隊迄鹿児島を出発せり」
「十六日　雪天　三番大隊より四番大隊迄鹿児島を出発す」
「十七日　五番大隊より大炮《たいほう》隊まで鹿児島を出発せり。拙隊は是日《このひ》なり」

（「宮里日記」）

### 久光への勅使派遣

鹿児島を発つにあたり、西郷は島津家の磯邸《いそてい》門前で拝礼していった。かねて不仲を知られた島津久光に対する告別の挨拶である。明治六年の政変後も、西郷派・私学校と久光派・島津学校とは相容《あいい》れない間柄にあった。

久光の動静は、政府にとっても懸念の種であった。この「国父《こくふ》」と呼ばれた元左大臣、多分に反政府感情を抱く保守的人物が西郷に応じるのかどうか、その動きがみえないため、政府は勅使を派遣して島津久光・忠義《ただよし》（薩摩藩最後の藩主）の父子を諭すことになった。

勅使は元老院議官の柳原前光《さきみつ》で、鹿児島出身の黒田清隆（陸軍中将）と高島鞆之助《とものすけ》（陸軍大佐）が随行し、七〇〇名余の護衛が付いた。海路で鹿児島に到着したのは三月八日、まず柳原は県庁側に対し、征討令の発令と西郷、桐野、篠原の官位褫奪《ちだつ》を通知し、中原ら「視察団」の身柄引渡し、県下の帯刀禁止、県内の外国人の引渡しを要求した。

三月十日に勅使を迎えた久光は、いまさら暴挙を鎮圧することはできず、政府こそ暗殺問題の是非を明らかにすべきではないかと述べたが、自らは局外中立の立場に身をおいた。

帰路、勅使一行は視察団の身柄を預かり、弾薬を没収した上で、大山に随行を命じて三月十三日に鹿児島を離れた。大山はのちに官位を剝奪《はくだつ》され、斬首の刑に処せられる。帰郷した柳原が伝えた現地情勢によると、子どもにいたるまで蹶起を義挙と考え、中原の口供を事実と考えて大久保と川路を憎んでおり、薩軍の「今回の挙、必捷《ひっしょう》と思えり」（『西南記伝』）という。

**寝返りへの期待**

西郷は出発前、県令の大山に、「二月下旬か三月上旬迄には大阪に達すべく」（「大山綱良口供」）と語っており、必ずしも戦争になるとは考えていなかったようである。ただ、大山が、沿道の府県や鎮台へ通知しておかなければ「不都合」な事態が起こるかもしれないとい

う と、県庁から府県、鎮台に報知しておくよう大山に依頼した。

これを受けて県庁は二月十五日、西郷名をもって熊本鎮台に照会書を発し、「兵隊整列指揮を受けらるべく」と求めた。これを知った西郷は翌日、県第一課長の今藤宏《こんどうひろし》に取り消すよう書簡を送っているが、それは、こんな挑発的な文面では、相手方を挑発して戦争にいたるかもしれないと懸念したためだった。西郷は大山にも、この照会取り消しがなされたかどうか、確認する書簡を送っている。

ただ、すでに県庁から原作蔵、篠原新平、宇宿栄之丞が熊本に派遣されており、二月十九日に熊本鎮台参謀長である樺山資紀《すけのり》と面会した彼らは、「尋問の筋《すじ》」の届出などと合わせて、この「整列」の照会書も伝達した。

もっとも鎮台側はすでに戦争準備を進めており、このまま通過させるつもりはなかったようである。原らが「尋問」の届出書を見せると、樺山は「国法の断じて許容せぬ所」だと判断し、「如何《いか》に西郷大将であっても、非職の一私人が、大兵を引率して、鎮台下を通過することは、断じてなり申さぬ」(『西南記伝』)と突っぱねた。さらに「整列」の照会書を見た樺山は、「不都合な書面」だと感じ、その「残念サと云うものは、死ぬるまで忘れることができぬ」(『日本及日本人』第五四二号)と語っている。

挙兵直前に西郷と会い、鹿児島を見聞してきたアーネスト・サトウが、三月九日付のパークス公使宛覚書で、「熊本鎮台の参謀長樺山資紀が薩摩出身であることが、大いに当てにされている」（『遠い崖十三』）と記しているように、薩軍側では樺山の寝返りが期待されていた。実際、西郷は出征前、「川村は十に四五は我に助力すべし……熊本には樺山資紀あり、肥境（筆者注・肥後との境）に我軍進まば、一二大隊の台兵は我に帰すべし」（『丁丑擾乱記』）と語っていたという。それだけに、この反応は意外であり、計算外であったにちがいない。

熊本鎮台参謀長という谷干城に次ぐ公職にある樺山にとって、一私人の率兵上京という行為そのものが許容しがたいものであったが、歴史学者の坂野潤治氏が指摘しているように、この行為に「寝返り」に足るだけの大義がなかったことも、その態度を硬化させた要因だったように思われる。樺山はかつて台湾出兵のための調査にあたったことがあるが、この出兵はすでに行われていたし、挙兵の名分に外交問題や対外戦争といった公的性格はなかった。それでは軍人が組織に反旗を翻すことはできないだろう。

## 暗殺疑惑という名分の脆弱さ

暗殺計画は私学校党をはじめとする鹿児島県下の人々の憤激を煽《あお》り、その尋問の名のもとに挙兵が実施された。だが、西郷からの距離が遠くなっていくにしたがい、挙兵の名分としての正当性は弱まっていった。西郷の死後、その反逆を弁護した福沢諭吉も、暗殺疑惑では名分として不足だと批判し、これでは「乱の品価」を下げると懸念を示している。

後述するように、熊本士族の間でもこれが挙兵の名分として成り立つのか疑義が呈され、出羽《でわ》の鶴岡士族もその名分を問題とし、西郷とともに動向が注目されていた板垣退助も、薩軍に名分のないことにこだわることになる。

西郷や桐野も「名分」にこだわっていたことはすでにみたが、それが成立することのないまま暴発し、しかも「政府への尋問」が建前になったあたりに、この反逆の悲劇とわかりにくさがある。福沢諭吉が「明治十年丁丑公論」で提案したように、「第一に薩人たる人民の権利を述べ、従て今の政府の圧制無状」を難じて挙兵すれば、拡がりや正当性を増したかもしれないが、その時機も論理も成立しなかった。

かくて政府への尋問を掲げて出立した西郷は、熊本鎮台の厳しい対応と征討令に直面することになる。征討令発令を知った西郷は、すでに戦闘が開始されていた三月五日、大山県令名をもって征討総督に抗議書を送るよう大山に依頼し、その文案を送付した。鎮台側の抵抗によって開戦を余儀なくされたことを難じ、暗殺計画を企てた政府を追及するこの文案は、暗殺計画が露見すれば「人民激怒致すべきは、理の当然」であり、それを征討するというのでは、当方を挑発して罪に陥れようとする姦謀にほかならないとし、まず糺《ただ》すべきは政府首謀の罪ではないかとして、中原らの口供も添付した。

三月十二日付で大山に宛てた書簡でも西郷は、政府が暗殺計画の件を棚上げして鎮圧に乗り出したのは「悪《にく》むべきの巧《たくみ》」だと糾弾し、「曲直分明ならざれば鎮撫《ちんぶ》もへちまもこれなく」、自分は勝敗を度外視して「条理に斃《たお》れ」るつもりだと伝えている。

あくまで暗殺計画の尋問を建前とする以上、西郷の主張はこうならざるを得なかった。しかもその率兵による政府への尋問は権利であり、暗殺計画は事実だと認識されていたのである。

名分を得ない挙兵は悲劇だったが、大山への発言や書簡を見る限り、西郷自身は政府の不義糾明《きゅうめい》はやむを得ないと考え、その当初の目的に対して忠実であったといえるだろう。それが「反逆」に対する消極性まで意味するかどうかはともかく、西郷はこのささやかな挙兵目的を抱き続け、八月に解軍を宣言するまで、中原らの口供書を持ち歩くことになる。

## 籠城作戦

薩軍の要求を拒否した熊本鎮台も、自軍の脆弱《ぜいじゃく》さはよく認識していた。同時に、自らの戦略的重要性も痛感しており、その結果選択されたのが、政府軍主力が到着するまで持ちこたえようという籠城《ろうじょう》作戦だった。

薩軍蹶起の報を受けた熊本鎮台司令長官谷干城は、相手の動向を探るべく、鎮台病院の烏丸一郎を密偵として派遣する。出水《いずみ》で薩軍に遭遇した烏丸は、帰城して状況を報告、谷はこれによってはじめて、薩軍が西郷指揮のもと大軍をもって接近していることを知った。このとき、「熊本の存亡は、天下人心の繫《つなが》る所にして、全局勝敗の岐《わか》るゝ所なり」と語った谷の頭に、開城や降伏、撤退という選択肢はなかった。打って出て一挙に片をつけるか、あるいは籠城して援軍を待つのか——。前者を取るには、不安要素が大きかった。問題は、熊本士族の動向である。神風連の乱からまだ半年もたっておらず、薩軍に通じている者もいるかもしれない。打って出たあとに城下で蹶起されれば、腹背に敵を受けることとなる。一度野戦に敗れれば、士気は低下し、守城の貫徹も危うかった。谷は、籠城を選択する。

谷が憂えた城内の士気については、樺山も次のように語っている。神風連の乱後の鎮台内は戦々恐々としており、「暗夜の歩哨《ほしよう》の如きは、犬がガサガサさせたと云っては、若《も》しや敵が襲来したのではないかと発砲したり、夫《それ》は実にだらしのない骨頂であった」。士族は百姓町人あがりの徴兵をばかにしており、「町の子供等が、竹の棒などで馬の尻をべたべた叩いては、「くそちん、くそちん」と冷笑した」という。樺山も徴兵の戦力を「烏合《うごう》の衆」だと不安視していた(『西南記伝』)。

籠城の準備は急がねばならない。小銃、野砲、山砲、臼砲《きゆうほう》、弾薬のほか、糧食も急遽《きゆうきよ》かきあつめ、とりあえず一ヵ月は支えられる体制を整えた。二月十四日には城内の守備部署を決

**熊本城籠城戦を展開した政府軍首脳**　前列中央が熊本鎮台司令長官・谷干城。その右が同参謀長・樺山資紀

定し、炊事所を建設、町の職人を集めて地雷の製造を開始し、十五日には火薬を各所に散蔵、さらに十六日には守兵を法華《ほっけ》坂《ざか》、藤崎神社、片山邸、千葉城跡などの要所に配置し、柵を設け、橋を撤去して攻撃に備えた。

熊本鎮台は福岡と小倉に分営を置いており、指揮官は歩兵第十四連隊長心得の乃木《のぎ》希典《まれすけ》少佐、当時二十七歳である。二月六日に警備の内示を受けていた乃木は、鎮台への出頭を命じられて十三日に小倉を出発し、不眠不休で馬を駆って翌日夕刻には到着、軍議に参加した。この日の朝、小倉の第十四連隊第一大隊左半大隊が熊本に向けて出発し、十九日午後に入城した。他の第十四連隊の各部隊も続々と熊本に向かい、乃木も福岡に戻って熊本に引き返すことになった。すでに乃木のもとには、谷から薩軍接近の報が伝えられている。

## 熊本城焼失

そのようなかの二月十九日午前十一時十分頃、熊本城内で突然火の手が上がり、天守閣をはじめ城内は焦土と化した。この情景を眺めていた少年石光真清《いしみつまきよ》は、「炎々と燃える天守閣！　窓から凄《すさ》まじい火炎を吹いて、強風が黒煙を竜巻のように、空高く巻きあげ、城下の街々へ火の粉を降らしている！　強風にあおられて火勢はますますつのるばかりである。暫《しばら》くすると天守閣全体が、一つの火の塊となって昇天するかのようである」（『城下の人』）と手記に記している。

藩と家系の歴史を象徴する城が燃え尽きていく様子に、彼は父とともに泣いた。藩主嗣子の教育掛を務めた六十一歳の吉田如雪《じょせつ》の感慨は、さらに深いものがある。「加藤清正公造築以来連綿として西国の名城と称する城、今日一炬《いっきょ》に火を以て灰燼《かいじん》に属す。加藤社の神慮如何《いかん》ぞや」（『西南の役見聞記（吉田如雪正固遺稿）』）。

樺山によれば、谷と視察で不在にしていたところ火災が発生し、帰城すると児玉源太郎少佐から失火したと報告があったという。「熊本鎮台戦闘日記」にも「本城火を失す」とあるが、この火災は薩軍の放火、あるいは鎮台の自焼ではないかともいわれてきた。

実際、城内にいた品川弥二郎《しながわやじろう》の「熊本籠城日記」は逃亡した給仕人の放火ではないかと記しており、「熊本県官籠城日記」には「鎮台城自焼」とある。当時の新聞報道では自焼説が採られ、谷から密命を受けて天守閣に火を放ったという証言も伝えられている。近年では、二月二十一日に岩倉が三条に宛てた「熊本鎮台の出火は屯営の都合に依《よ》り不用建物取払の為《た》め出火なれば、気遣い無し」（『日本電信情報史』）との電報が発見されるなど、自焼説が有力になっているようである。

ただ、岩倉電の情報源は長崎県の検事で熊本の現地報告ではなく、また、食糧を焼失させたことや火薬庫への延焼の危険を考えても、自焼としては計画性に欠けるという批判も加えられてきた。自焼であれば事前に征討本営に連絡をとっていてしかるべきだが、山県が十九日午後九時に大久保と伊藤に宛てて「今日熊本の出火のことは原因ただし中なり。分かり次第、後より申し遣わす」（「電報来信原書一」）と電報しているように、本営も知らなかった。その意味で、失火ないし薩軍による放火の可能性も否定できない。

県からの電報は当初自焼と伝えていたが、二十日には失火だと報じるようになっている。放火説も根強く、二月十九日午後十一時五分に岩倉から三条に転送された熊本からの電報は、「怪し火の由」だと伝えている。三条は翌日午前三時二十分に熊本県令から「少し怪しき火の様子」との電報を受け、四時三十五分、谷と県令に対して「一層軍紀の上に注意せよ」と電報するよう命じた（同前）。岩倉の三条宛電報が、戦略的火災だから「気遣い無し」と伝えているのは、薩軍による放火ではないかと三条が懸念していたためであろう。自焼説は一定の説得力を持つが、多分に計画性を欠いており、やはり放火あるいは失火の疑いも残されている。

天守閣炎上とほぼ同時に城下でも火災が発生し、強風に煽られて市街を焦土と化していった。熊本城炎上による延焼としている文献が多いが、鎮台火災とほぼ同時刻に射界を開くために鎮台が市中に火を放ったためであり、両火災は別のものだとの指摘もある。

いずれにせよ、薩軍はもう間近に迫っていた。十九日朝八時に八代《やつしろ》の日奈久《ひなぐ》を出発して熊本に迫っていた六番大隊病院掛の児玉実義は日記に、「熊本方角に向て黒烟《こくえん》天に靆《たなび》けり。決《きま》て出火ならん」(「西南之役探偵書」)と記している。すでに熊本城の籠城方針は伝わっていたらしく、日記には、谷は籠城を決意し、城の内外には地雷が埋められたようだと書かれている。

熊本城の兵器弾薬は類焼を逃れたが、糧食は焼失したため、急いで再収集に努め、何とか六〇〇石を集めた。かくして籠城態勢をとった熊本鎮台は、司令長官の谷、樺山以下の参謀部、会計部、病院などで構成される本営を中心に、第十三連隊、第十四連隊、砲兵第六大隊、予備砲兵第三大隊、工兵第六小隊によって構成されており、合計四三七二名のはずだが、実際には十四連隊は第一大隊左半大隊しか入城できず、このほか東京から派遣されてきた警視隊を加えても三千数百名で、薩軍挙兵時の四分の一ないし五分の一程度の戦力であった。

### 熊本城攻撃の開始

二月十九日午前八時十五分、熊本鎮台に征討令が発令されたという電報が届いた。薩軍の征討は政府の公式的立場となり、鎮台兵は「官軍」となった。征討令は県庁に掲示され、県下の人々はその発令を知ることになる。

この日、川尻に薩軍が集結しているとの密偵の報告があり、鎮台側は急いで地雷の埋設や砲台の増築に努めた。ただ、参謀長の樺山はまだ籠城方針に批判的で、川尻の敵陣に夜襲をかけることを提案し、二十一日午前一時に二個中隊をもって実施される。ところが、これは鎮台兵が不用意に発砲したため計画が薩軍に察知され、失敗してしまう。後年樺山は、この失敗によって鎮台兵の脆弱さを自覚し、籠城戦を決意したと語っている。

薩軍側は、この襲撃の際に捕虜を得て鎮台側の応戦意志と防御体制を知った。すぐに応戦はしなかったが、桐野、別府、村田の会談の結果、先方が攻撃を仕かけてきた以上、鎮台側は守りを固めているにちがいなく、「若《し》かず、断然戦闘に決し、鉄火《てつか》を以て、東上の志を達せん」（『西南記伝』）と決した。

二月二十一日午前七時、薩軍が城下に進入し、嶽《たけ》ノ丸《まる》、千葉城跡の守兵がこれを迎撃、熊本城攻防戦の幕が切って落とされる。午後一時二十分、熊本分局から伊藤宛に、次の電報が打たれた。

「唯今《ただいま》戦争はじめ候。大砲しきりに放つ」(「電報来信原書一」)

開戦の報告を受けた有栖川宮は、「廟儀《びょうぎ》確然たり。決して顧慮する所なく、益々《ますます》士気を淬励《さいれい》し、一撃して賊を破る可し。天下人心の向背《こうはい》は此《この》一挙に在り」(『征西戦記稿』)と打電した。政府の討伐方針は変わらない。心配せずに士気をあげ、「賊」を破れという一報は、鎮台兵に与えられた戦争の名分を保障するものだった。

我々は官軍であり、相手は賊軍であり、その立場は揺るがないという自信こそが、鎮台兵の士気の根源となる。それを熟知していた谷は、山県に対して二月十九日、書簡を送っており、「廟儀万一遅疑《ちぎ》して断ぜざれば、其禍未《いま》だ測る可からず。干城《たてき》が深く憂うる所独り此一事に在り」(同前)と懸念を示していた。征討の決断が遅れれば、大変な事態になる。総督の電報はこれに対する答えでもあった。

陸上自衛隊北熊本修親会編の『新編西南戦史』は、戦場における士気は「大義名分」によるところが大きく、政府軍を支えたのは「天皇中心の鮮明の旗色」だったと指摘している。征討令や総督の任命、そして揺るぎない討伐方針に加え、宮中から寄せられる傷慰金や酒肴《しゅこう》料や侍医の派遣まで、「正当性」はさまざまな場面で担保されていく。

皮肉なことに、薩軍が攻撃を開始したのは、「賊軍」としての立場が明確になった翌々日のことであった。

## 総攻撃開始

熊本城は慶長十二(一六〇七)年、城造りの名人として知られる加藤清正によって築かれ、大天守、小天守、宇土櫓《うとやぐら》などを中心に構成された巨城である。西側は山地と井芹川《いせりがわ》、南側は坪井川《つぼいがわ》、白川《しらかわ》が天然の要害の役割を果たしており、城内は焼けたが、城郭の威容は変わらない。

薩軍側に当初から綿密な作戦計画があったわけではなく、熊本隊の池辺吉十郎《いけべきちじゅうろう》が別府晋介に会って攻城戦略を尋ねたところ、「我行路《わがこうろ》を遮《さえぎ》らば只一蹴《ただいっしゅう》して過ぎんのみ、別に方略なし」と答え、その「剽悍《ひょうかん》にして無謀なる」様子に池辺も戦略を説くことができなかったという(佐々友房《さっさともふさ》『戦袍日記《せんぽうにっき》』)。二十日の作戦会議で議せられたのも、「軍を進め一挙て敵城を粉砕せん」(『薩南血涙史』)といった程度の方針だった。

二十二日黎明《れいめい》、薩軍は正面と背面の二方面から猛攻を開始した。正面とは城の東側を指しており、焼失した天守、本丸のほか、飯田丸《いいだまる》、千葉城跡、嶽ノ丸などの拠点がある。現在の天守や本丸、加藤神社、熊本大神宮の一帯がここにあたる。背面は城の西側で、県庁、藤崎神社、片山邸などの要所があった。現在は藤崎台県営野球場や市立熊本博物館、護国神社などが位置している。とりわけこの背面が熊本城の弱点とされており、藤崎台に接続する段山《だにやま》という丘陵地をめぐる攻防が、熊本城攻城戦のハイライトになった。

正面攻撃を担当したのは永山の三番大隊、桐野の四番大隊の一部、池上の五番大隊で、背面は篠原の一番大隊、村田の二番大隊、別府の六番・七番連合大隊が担った。五番大隊は白川を渡って攻撃を開始、本丸の北側にあたる埋門《うずめもん》などを攻め、大隊長の池上は自ら前線を視察して士気を鼓舞した。本丸を見上げる坪井川沿いの花畑《はなばた》からも建物を楯《たて》にして激烈な射撃を加える。城兵も飯田丸、千葉城跡などから砲撃し、嶽ノ丸の歩兵も迎え撃った。

背面でも一番大隊と六番・七番大隊が県庁、藤崎神社、片山邸、段山などに襲撃をかけ、篠原が陣頭に立って指揮した。一番大隊に属して戦った園田直記の日記によると、午前六時に川尻を発って早足で熊本城に向かい、攻撃を開始すると「散々打乱れ……銃丸雨の降るが如し」(『えびの市史資料集V』)といった激戦が展開されている。

二の丸に通じる法華坂の防衛にあたっていた隈岡長道大尉はその陣中日誌に、次のように記している。

「賊大挙吶喊《とっかん》して……襲来すと雖《いえど》も、散て近《ち》か寄る能《あた》わず。戦い頗《すこぶ》る劇烈、大小砲声山岳を轟《とどろか》し、各兵必死を期し防戦尤《もっと》も勉む。故に彼れ遂《つい》(ママ)に技捂する能わず、明八橋《めいはちばし》迄《まで》退却す。然《しか》

**熊本城攻防戦配置図**（2月）

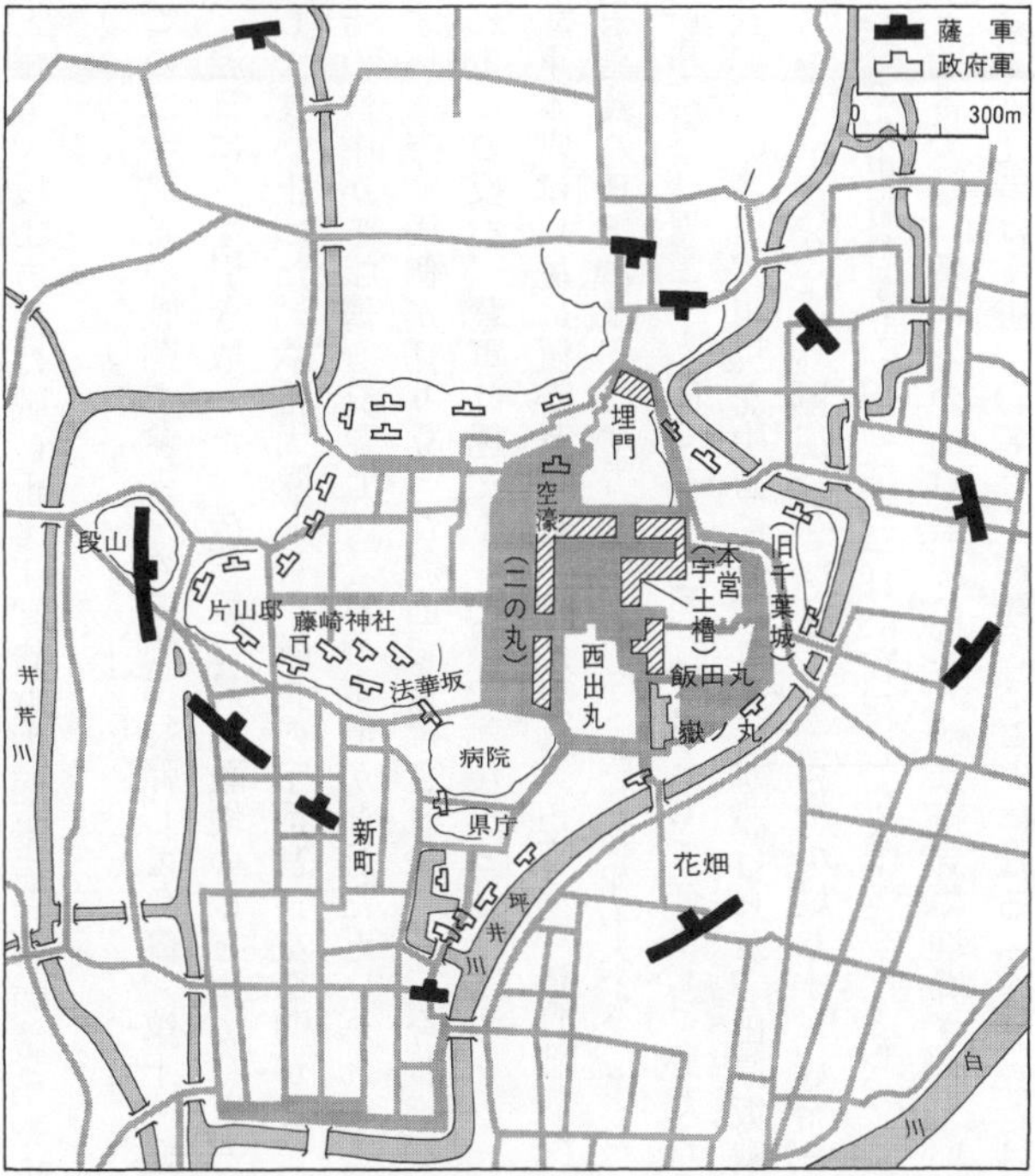


出所：陸上自衛隊北熊本修親会編『新編西南戦史』（原書房、1977年）、橋本昌樹『田原坂』（中公文庫、1976年）を基に筆者作製

りと雖も、段山方面は戦い止まず、新町《しんまち》方面午后三時頃戦稍《や》や止む」(『西南戦争隈岡大尉陣中日誌』)

この二十二日の戦闘で参謀長の樺山が被弾して負傷、第十三連隊長与倉知実も銃弾で負傷し、翌日に息を引き取った。法華坂は最激戦地のひとつで、上ろうとする別府隊を城兵が猛射して食い止めた。六番大隊七番小隊長の宇都宮良左衛門がここで弾丸を受けて戦死、城兵はその懐中から帳簿を発見して薩軍の事情が漏れたといわれている。法華坂は緩斜面で上りやすい一方、両側が切り立った斜面で迎撃されやすく、今日、徒歩わずか一分足らずで上りきれるこの坂を、薩軍は越えることができなかった。

薩軍本営は川尻に置かれ、近くの延寿寺《えんじゆじ》(円寿寺)に野戦病院が設けられたが、病院掛の児玉実義の日記には、「二十二日晴天……甚し戦死十余人、手負、四、五十名、医院混雑す」(「西南之役探偵書」)と記されている。医師として従軍していた斉藤貞常によると、医師の数は五、六〇名で、川尻を中心に各地に病院が設けられ、田原坂《たばるざか》戦闘時は「戦死一日に平均二百名……手負りは二、三百名(ママ)」に達し、包帯が足りず「夏布」をもって代用したという(『えびの市史資料集V』)。二十二日に戦死した薩軍兵のうち、一番大隊七番小隊の木原伊之助と七番大隊一番小隊の山口盛一の二人が延寿寺に埋葬されているが、以後、同寺に葬られる薩軍戦死者は一三〇〇名近くに達することになる(「薩賊死亡姓名録」)。

## 戦略の転換

この夜、全軍で孤城を攻撃し精鋭を失うのは得策でないと考えた西郷小兵衛と野村忍助は、主力を北上させて政府軍の援軍と対決し、筑、豊、肥地域を攻略、長崎と小倉を押さえて熊本を自滅させる作戦を立て、西郷に提案した。

桐野、篠原以下も列席して検討が行われ、桐野は野村案に賛成したものの、篠原は持論の強硬策を主張して譲らず、結局西郷は強圧策を中止した。長囲策へと作戦は変更され、池上を指揮官とした約三〇〇〇名が五番大隊を基幹として熊本城を包囲しつつ、四番大隊の桐野が山鹿《やまが》方面へ、一番大隊の篠原は田原方面へ、二番大隊の村田と六・七番連合大隊の別府は木留《きとめ》方面へ向かって南下する政府軍を迎え撃ち、三番大隊の永山は海岸守備に就き、各隊から選抜した二〇〇名の護衛隊が西郷の護衛にあたることになる。ただ、強硬策も清算しきれず、翌日も力攻めが実施された。

政府軍の出足が遅ければ、薩軍は長崎と小倉を押さえ、九州を制圧できたかもしれない。あるいは全軍を挙げて強襲を繰り返せば、城は落ちたかもしれない。後者は兵力の分散と鎮台の抵抗によって果たせず、前者は政府軍の迅速《じんそく》な動員によって挫折した。この二十二日には第一旅団と第二旅団が福岡に到着しており、薩軍は熊本城を囲みつつ、南下する政府軍を迎え撃つという消極的作戦に終始することとなる。

## 熊本隊の参戦

総攻撃二日目の二月二十三日、熊本城の京町口《きょうまち》に熊本士族の一群が到着した。熊本学校党の首領池辺吉十郎率いる熊本隊である。池辺は、西洋化の風潮や不平等条約、樺太千島交換条約などに不満を抱いており、問題の根源は数名の「権臣」にあるとして、その廃除の必要を感じて慨嘆していたところ、西郷蹶起の情報を受けた。

薩軍起つ、との報に接した熊本士族は、動揺していた。谷が懸念したように、呼応しようとする面々は少なくなかったが、問題は挙兵の名分だった。学校党の内部でも刺客問題が挙兵の名分として正しいのかという疑問が提起されたが、池辺は、我々が刺客問題を名分とする必要はない、むしろ西郷の蹶起は「天下の大機会」であり、いま蹶起して「我党平生の志」を実現しよう、この機会を逃せば政府の専制を糺す時を失うと述べて、旗幟《きし》に「禁闕《きんけつ》保護」を掲げることを提案した。これに衆議が一致し、二月二十二日に熊本県令に提出された挙兵趣意書は、西郷の挙兵について「未だ其の旨の如何《いかん》とするを知らず」と指摘した上で、「禁闕を護《まも》り鞠躬尽瘁《きつきゆうじんすい》斃《たお》れて後已《のちや》ん」（佐々友房『戦袍日記』）と宣言している。すでに戦闘ははじまっており、蹶起に異議はなかった。池辺は、薩軍の名分は明らかでなかったが、「奸臣」を除く点では一致しており、成功後に西郷に専横があればただすのは難しくないと考えたと述べている。

　熊本隊は独自の構想を持ちながら、薩軍と政府打倒という目標を共有しつつ、西郷が示したチャンスに賭けたのである。県民に自らの意思を伝えるべく檄文を発し、万民が苦しむのは「権姦《けんかん》」が天皇の聡明を隠しているからであり、挙兵してこれを除くので安堵《あんど》し、疑わないでほしいと呼びかけた（軍団本営「探偵報告書」）。熊本隊は総勢一五〇〇名余りで、大隊長は池辺、副大隊長が松浦新吉郎、一番小隊長が佐々友房《ともふさ》、その軍監が古閑《こが》俊雄《としお》であった。

　池辺が薩軍に投じることを決めた直接のきっかけは、村田新八との邂逅《かいこう》であった。池辺と佐々はこの前月、鹿児島で村田に面会している。佐々が、樺太千島交換条約問題などを挙げて政府を攻撃すれば名分が成立すると説いたところ、村田は、政府を転覆すれば外交の任にあたらねばならないが、西郷でも外交は困難であるため「軽発」できないのだと答えた。朝鮮問題も台湾問題も決着しており、ロシア問題も具体策はなかった。名分の立たないなかで西郷は壮士を「鎮圧し、敢《あえ》て暴発せざらしむ」ようにしており、機が熟さずに起つのは得策でないと述べつつ、自分の任務は「西郷をして首相の地位を得せしむ」ことだと村田は話している。池辺は感得したらしく、熊本に帰るとすでに意を決したと述べて、時機の到来を待つよう指示した。

名分は立ちがたいが、時機が来れば西郷は起ち、村田がこれを支え、政府転覆を目指す。その可能性に熊本隊は運命を託したのである。

熊本隊と同様、熊本県南部の人吉《ひとよし》でも士族がその去就をめぐって議論を沸騰させていた。三月四日には人吉一番隊一三六名が熊本に向かって発った。その檄文は、暗殺計画と有司専制を難じ、「禁闕を守護」して「道路梗塞《こうそく》」を改めることを主張している。以後、二番隊、三番隊も加わり、人吉隊は郷里の陥落まで薩軍に参じた。

このほか、熊本藩の馬術師範だった中津大四郎が竜口隊四〇名余を率いて開戦当初から参戦し、主に補給任務にあたったが、これも「薩軍と共に廟堂の奸臣を誅除《ちゅうじょ》し、蒼生《そうせい》を塗炭《とたん》の中に救わざるべからず」(『丁丑感旧録』)という趣旨によるものだった。

### 協同隊の参戦――民権論とルソー主義

熊本では学校党のほか、実学党、民権党などの士族結社が存在していたが、この民権党も薩軍に加わっている。総数三〇〇名ほどで、隊長は平川惟一、宮崎八郎《みやざきはちろう》が本営付参謀となって「協同隊」と名付けられた。

薩軍の川尻到着を受けて保田窪《ほたくぼ》神社に会合した彼らは、政府の内政の陋習《ろうしゅう》、専断政治、外交の失策、苛烈《かれつ》な刑罰、私情を反映した賞罰、朝令暮改、言論の圧迫などを逐一批判した上で、西郷暗殺計画に憤慨し、「上は以て姦臣を掃除し、下は以て百姓を塗炭に救い、内は以て民権を保全し、外は以て国権を拡張」しようと語り合った。蹶起趣意書も同様の政府批判を展開した上で、いまこそ政府を打倒して内政外交を立て直し、「全国人民と共に真成の幸福を保たん」（「熊本協同隊」）と述べている。

平川や宮崎は明治八（一八七五）年四月、植木学校を設立し、熊本県下で民権運動を主導してきた人物である。植木学校では『日本外史』や『史記』、福沢諭吉の著書などのほか、モンテスキューやミル、ルソーなどが講じられ、特にルソーの『民約論』は経典のように扱われていた。「征韓学校」ともいわれたように、平川らは征韓論者である一方、県内で演説会を催して県会開設や天賦人権論を唱え、政治結社的色彩を強めていった植木学校は、半年後に閉鎖命令を受けて解散するが、その後も民権党の面々は「戸長征伐」に奔走《ほんそう》した。

宮崎八郎

当時、熊本県内では公選民会の開設や区・戸長の民選をもとめる運動が高揚しており、明治九（一八七六）年暮れからは戸長に対する暴力や略奪といった「征伐」がひろがっていたのである。薩軍到来の報を得て、民権党はその陣営に身を投じることとなった。

民権党にとって最大の問題は、蹶起が成功した場合の「戦後」であった。果たして西郷は、民権論を受け入れるだろうか。植木学校の講師だった松山守善が宮崎八郎に、「君は西郷西郷と常にいうが、西郷は帝国武断主義にてお互いの主義理想とは相容れざるが君は如何に思うや」と問うと、宮崎は「実に然《しか》り、然れども西郷に拠《よ》らざれば政府を打倒するの道なく、まず西郷の力をかって政府を壊崩《かいほう》し、しかる上第二に西郷と主義の戦争をなすの外なし」(「松山守善自叙伝」)と答えたという。協同隊は、民権家としての政府批判と国家構想を抱きつつ、西郷の示した政府打倒の可能性に賭けた例であった。

宮崎は植木学校閉校後、『評論新聞』の記者となったが、明治九(一八七六)年二月に伊藤博文暗殺計画なるものに連座して逮捕されている。言論の限界は、実力への傾斜を生んだ。釈放の際同志に送った書簡で彼は、南方で桐野がしきりに挙兵論を唱えているが、周囲がこれを止めている、西郷の動きを待つばかりだと記し、「南方鳥あり、飛ばず鳴かず、其飛鳴は果たして何《いずれ》の日にあるか」(「宮崎八郎資料控(八)」)と期待していた。

西郷に期待する宮崎は、元老院議官時代の中江兆民《ちょうみん》らとともに政府転覆の陰謀を企てたといわれている。明治八(一八七五)年に兆民は島津久光と面会して人材登用や行政改革などを求め、西郷を上京させて近衛兵で太政官を囲めば「事一挙に成らん」と提案していた。久光への献策で兆民は、「一定の憲制」樹立のためには「才識超絶する者」と「宏度堅確《こうどけんかく》且威望有る者」の二人の「英傑」が必要であると述べており、兆民は前者に自分を、後者に西郷を想定していたようである。明治七年訳の『民約論巻之二』の末尾は、「国の律例」の制定を一人の立法者に託すべきだと述べていた。宮崎は兆民の『民約論』の草稿を写し取ったといわれ、これを泣いて読んだと詠っているが、その西郷利用論もまた、兆民の「英傑」論に通じる構想であったと考えられる。西南戦争に際して兆民は西郷が「英傑」たり得ないと考えて宮崎を説得しに来たが、すでに戦争ははじまっていた。

西郷は起った。待ち続けていた時が、ようやく到来したのである。

### 宮崎・大分・福岡の諸隊

当時鹿児島県に合併されていた宮崎からも、延岡《のべおか》隊、高鍋《たかなべ》隊、福島《ふくしま》隊、佐土原《さどわら》隊、飫肥《おび》隊、都城《みやこのじょう》隊が参戦している。宮崎支庁は薩軍に協力的で、支庁の官員がそれぞれの出身藩に参戦を呼びかけており、ほとんどが士族の熊本諸隊と違って日向《ひゅうが》諸隊は約半数が農兵で占められていた。

もっとも早く参戦したのは佐土原隊（計約一三〇〇名）で、旧佐土原藩主の三男島津啓次《けいじ》郎《ろう》がこれを率いて二月九日に出発している。啓次郎は六年半の米国留学生活を終えて、明治九（一八七六）年四月に帰国していた。アナポリス海軍兵学校を退校した彼は学問振興を志して帰郷し、翌年二月五日、「扃文黌《きょうぶんこう》」を設立、自ら英語や世界地理、歴史などを講じることになった。薩軍蹶起の報がもたらされたのはこの翌日のことで、宮崎支庁に勤めていた小牧秀発がこれを知らせると、同志が集まって対応が協議されたが結論が出ず、啓次郎の判断でまず情報を集めることになった。以後、事態切迫を知らせる報が次々と入り、時機を逃せないと判断して一番隊約九〇名が出発することになる。二月十四日に啓次郎は本家筋にあたる島津久光のもとを訪れ、軍資金の提供を要請したが、断られた。

小牧など佐土原隊幹部は口供書において西郷暗殺計画への怒りと尋問への共感を蹶起の動機として挙げているが、啓次郎は米国の教育を受けて平等・自由の社会に理想を抱き、薩長政府の旧態に我慢ならず政府の刷新を企図していたといわれている。その不満と理想とが、この機会に託されたということだろう。

飫肥にも六日に薩軍蹶起の一報がもたらされた。十一日に作成された蹶起趣意書は、天皇の股肱たる西郷の暗殺は「叡慮《えいりよ》」に出るものではなく、「一大姦党の乱階《らんかい》」にちがいないと述べ、「人民」たるもの傍観すべきでないと述べている。一番隊一六二人が発ったのは二月十七日、以後、あわせて約一三〇〇名が従軍することになり、四月十八日には小倉処平《しょへい》が一〇〇名余りを率いて矢部《やべ》に到着した。

飫肥藩時代に藩校で教鞭《きょうべん》をとり、維新後は文部権大丞を経て米英に留学した小倉は、明治

島津啓次郎

小倉処平

七（一八七四）年二月に帰郷し、佐賀の乱に際しては江藤新平をかくまって下獄した経歴を持っている。薩軍蹶起の報に接したのは大蔵省に復帰していたときで、飫肥の鎮撫を名目に帰郷した彼は、そのまま薩軍に身を投じる。その際、伊藤博文に書簡を送り、「吾人の志は、西郷隆盛と共に政府を改造せんとするに在り」と述べ、自分は藩閥政府に「犬馬の労」を取りたくはないと記したという。

英国の租税や地方制度についての訳書もあり、旧藩時代から貿易や教育に積極的な提言を行っていた彼もまた、不遇のなかで西郷の蹶起に理想の実現を賭けたのであろう。小倉は、小《こ》村《むら》寿《じゅ》太《た》郎《ろう》（のち外相）を長崎と東京に留学させ、強い影響を与えたことで知られているが、ハーバード大学を卒業して明治十三（一八八〇）年に帰国した小村は小倉の墓を詣で、その遺児の扶養に尽くした。後年、小倉が生きていたら大隈重信のような議論家となり、民権主義を唱えただろうと小村は述懐している。

佐土原、飫肥に続いて、延岡隊が出立したのは二月二十三日である。宮崎支庁の藁谷《わらや》英孝《ひでたか》は薩軍挙兵の知らせを受けて延岡に官吏を派遣し、西郷の上京を「義挙」として、これに賛成するなら従軍準備をするよう延岡区長の塚本長民に呼びかけた。周囲の蹶起や藁谷の督促などを受け、延岡隊が編成される。小隊長となる大島景保は鹿児島裁判所宮崎支庁に勤めていたが、西郷暗殺計画を聞き、「姦吏《かんり》を除き、政府を改革せんとする」のはやむを得ないと考え、藁谷の意を受けて延岡に向かった。

一方、かねて家禄・賞典禄の処分に不満をもっていた福島区長の坂田諸潔は、薩軍蹶起の報を受け、西郷が事を挙げれば必ず成功すると確信し、自ら廟堂に座して「政体を改良になさん」(『西南の役薩軍口供書』)と決心したと述べている。西郷の蹶起は政府の奸臣を払う義挙であり、名分は判然としていると呼びかけた彼は、二月二十七日、福島隊を率いて大分に向かった。延岡隊は約一四〇〇名、福島隊は約三〇〇名が従軍することになる。この後、都城隊(約一六〇〇名)が三月八日に、高鍋隊(計約一〇〇〇名)が三月九日に、それぞれ戦地に向かった。

この三月末に、大分県で増田宋太郎《そうたろう》率いる中津隊が蹶起する。福沢諭吉の親類にあたる増田は、尊皇攘夷の志士として福沢の暗殺さえ計画したことがあったようだが、やがて民権運動へと傾斜し、慶應義塾などを経て、明治九（一八七六）年十一月からは『田舎新聞《いなか》』を発行していた。緊迫する鹿児島の情勢を実見すべく、桐野と面会した彼は挙兵準備を開始、三月三十一日夜、同志とともに中津支庁や警察署を襲撃する。この四日前には、福岡で民権党の越智彦四郎《おちひこしろう》など八〇〇名が蹶起して福岡県庁などを攻撃しようと図り、失敗していた。

この三十一日、増田は連名で三条実美に建白書を提出している。そこでは、内治の改進による欧米各国への比肩という国家目標に賛同しつつ、有司専制を難じ、征韓論を廃しながら征台を実施した変節を批判し、西洋による「奴隷」化に危機感を示し、金貨流出、国債増加を憂い、尋問しようとする西郷の声にも耳を傾けるべきだと指摘した。「政府は天下の政府にして、国家は人民の国家なり」と述べる増田らは、維新の英雄を誅《ちゅう》する行為を嘆き、政府を『三国志』の董卓《とうたく》に擬して専制を批判し、我々は西郷のもとに参じるので三条閣下も「猛省」してほしいと結んでいる。

「新政党別軍」名で出された檄文でも、ロシアや英国の脅威に対する危機感が強調され、政府は外敵にへつらって国権を堕し、「私意放縦《しいほうじゅう》」によって民権を剝奪していると難じた。暗殺計画を大逆無道とし、「賊臣」を前に蹶起して「忠臣」の進路を開く、それは皇恩への報答と人権の回復、そして国威拡張のためだという。

日向諸隊の蹶起目的は具体性を欠いているが、専制批判という点で共通項をもっており、西郷の蹶起にそれぞれの思惑や理想を託していた。中津隊の趣旨は協同隊と同様具体性を備えており、増田もまた危機の解消と理想の実現を西郷に託していたが、協同隊に比して西郷個人への期待が強い。その思い入れは、西郷に会ってさらに深まったようである。

増田は死の直前の城山で、なぜ去らないのか問われ、次のように答えたという。

「吾此処《われここ》に至りて始て親しく西郷先生に接することを得たり。一日先生に接すれば一日の愛生ず。三日先生に接すれば三日の愛生ず。親愛日に加わり、去るべくもあらず。今は善も悪も死生を共にせんのみ」（「逸話」『西郷南洲遺訓』）

これら党薩諸隊は独自に参戦を決め、編成や進退もかなり自立的に決定しており、とりわけ熊本の諸隊や大分の中津隊などは自立性が強かったことが指摘されている。実際、薩軍内部での対立も珍しいことではなかった。

## 籠城戦の攻防

話を戦闘に戻す。

二月二十二日夜の作戦会議後も薩軍の強硬戦略はすぐには変更されず、攻城戦が続けられた。二十三日も天地が振動するほどの砲撃と銃撃が加えられ、以後も攻撃は続くが、熊本鎮台は落ちず、城内に進入することさえできない。警視隊に属して防戦にあたっていた川越《かわごえ》士族の喜多平四郎は三月七日の日誌に、「熊本の素《もと》よりかたき城ごもり　せむる甲斐《かい》なき鹿児島の人」(『征西従軍日誌』)と自作の歌を記した。

特に背面では、薩軍が最前面にあたる片山邸をはげしく攻撃し、花岡山《はなおかやま》から藤崎神社、法華坂方面に砲撃を加えて、何とか突破しようと試みる。藤崎台につながる段山《だにやま》をめぐる戦闘は熾烈《しれつ》であった。緒戦の総攻撃で薩軍はここを奪取していたが、三月十二日から十三日にかけて段山から攻撃を仕かけてくる薩軍と、これを追い散らそうとする城兵との間ではげしい砲弾、銃弾の応酬が行われ、十三日夜に城兵が薩軍を退却に追い込むことに成功した。

この戦いでは薩軍側の死傷者約一〇〇名、政府軍も死傷者約二〇〇名を数え、開戦以来最大の激戦となった。前線で指揮を執った隈岡大尉は、薩軍は「猛烈に射撃」しても、銃槍《じゆうそう》突撃で「吶喊《とつかん》勇進」しても耐え続け、左翼から迂回《うかい》した第十四連隊の一個小隊が背後から襲撃するにいたってようやく前進し、段山を奪取したと陣中日誌に記している。前面に出ていた警視隊も敵との距離数十歩で、銃撃戦も白兵戦も苦戦していたが、この迂回兵の襲撃でようやく突破した。警視隊の死傷者は一七名で、喜多平四郎も胸部に銃弾を受け傷ついた。

同じ頃、薩軍側では鎮台内部の離間策を試みることとなり、城中に矢文を射ち込んでいる。喜多が写し取った文では、「政府妄《みだり》に暗殺を謀《はか》り自ら国憲を犯すの罪これ有り、尋問の為、西郷大将外二名師を率いここに至る」(『征西従軍日誌』)と、彼らの唯一ともいうべき戦争目的を記した上で、正義も戦局の利も薩軍にあり、籠城軍は糧食も援軍もないとして速やかな帰順を求めていた。

喜多はこれについて、城兵が追い詰められていない段階で揺さぶりをかけても意味はないと記しているが、薩軍側はかなり追い詰めていると考えていたようである。木葉《このは》で戦死した薩軍兵の懐中から発見された手帳には、籠城開始当初の段階で、「熊本籠城の鎮台兵兵糧《ひょうろう》に乏しく……飢え疲れ」、軍曹が兵糧の買い出しに出かけたところを捕獲したと記されており、樺山や与倉が傷ついたという情報を記した後には、続いて、食事ごとに五、六人ずつが「兵糧買として出るを捕獲」したとある(「木戸家文書」)。食糧事情が窮迫するなかで、揺さぶりは効果的だと考えたのであろう。

## 尽きていく食糧

鎮台側は物質的攻撃と精神的揺さぶりに耐える一方、ときおり城外に小部隊を出撃させて薩軍を攪乱《かくらん》したが、薩軍は城を囲んで流れる井芹川と坪井川の合流点をせき止め、城外を水浸しにして出戦を食い止めるなど長期戦の様相が深まり、城内では次第に糧食が減少し、危機感が強まっていく。包囲を突破して征討旅団と連絡をつけなければ、自滅する可能性があった。

喜多は、当初は城内の畑から野菜を取って味噌で煮て食べ、漬物などもあったが、それもたちまち尽き、城外に潜行して入手しようとしても薩軍が押さえていて容易に得られなかったと記している。時に給与される馬肉が何よりの馳走《ちそう》であった。

四月一日には城外の砲声を聞いて、「城兵今日連絡を為《な》すか、明日ここに通ずるかと、日夜念相待つ」ものの、実現せずに「憂心狐疑《こぎ》」を生じる切実な情景を記している（『征西従軍日誌』）。

四月四日に県庁の官員が包囲網をかい潜《くぐ》って第三旅団に谷の書簡を届けているが、そこには、糧食はあと「二十余日の貯《たくわえ》あり」と書かれていた。熊本鎮台では籠城開始後も市内に出て糧食の確保に努めていたが、三月末時点での貯蔵米は精米・もち米・粟《あわ》を合わせても三六六石まで減少し、持つのは四月十七日までと計算されていた。四月六日以降は粟飯にすることが決められ、これ以降も出撃軍が城外から米などを押収してきたという。

樺山の回想によると、幹部は粟の粥《かゆ》や死んだ軍馬の肉を煮て食べ、「旨《うま》い物は、戦闘員の方へ送って」やったといい、谷夫人などが城中の雑草でおひたしを作ってくれたことなどが「苦中の楽」だったとしている。緒戦の総攻撃で戦死した与倉第十三連隊長の妻がちょうど臨月を迎えており、「与倉夫人鶴子は、夫の戦死したのも知らずに出産すると云う、イヤもう実に目も当てられぬ惨状であった」(『西南記伝』)。与倉戦死の報はしばらく夫人には知らされず、その鶴子がのちに語ったところによると、「夫の戦死など夢にも知らず七夜が済んで」、三週間後に谷が負傷したと告げつつ、代わりに「幹子」と名付けてくれたという。

熊本城が外部と連絡していた電信線は、攻撃初日の二月二十一日午後三時四十分に断線し、以後、連絡は人力に頼らざるを得なくなっていた。二月二十六日、鎮台から伍長の谷村計介が使者として高瀬《たかせ》の征討軍へ派遣される。谷村は途中熊本隊に捕らえられたが、警備兵が眠っている間に爪で縄を切って脱走し、再び身柄を拘束されるものの、今度は戦を恐れて逃げてきた農民の体《てい》を装い、縛を解かれ使役に任じられると、再度脱走した。第一旅団の本営に到着した谷村の情報によって、政府軍は城中の苦境を知った。谷村はそのまま田原坂攻撃の戦線に加わり、三月四日に戦死する。

四月七日、谷は「兵食の余裕を図り、突貫の策を決せざるべからず」(『征西戦記稿』)として、大挙出撃して植木方面に進出、旅団と連絡することを決断した。自ら陣頭に立つと述べたが、樺山に反対されて指揮は奥保鞏《おくやすかた》少佐に託された。すでに政府軍は南の川尻・八代方面から接近しており、その砲声を聞いて川尻方面に突囲を試みることになる。

四月八日に出発した突囲隊は、薩軍の戦線を突破して宇土《うと》で背面軍と合流することに成功した。この隊にいた隈岡は、宇土到着に際して、「部下一同勇気凜々《りんりん》たり」と日誌に記している。そして十四日、ついに川尻方面から接近していた背面軍が熊本城への連絡を成功させる。籠城開始から二ヵ月、この間の死傷者は七七三名であった。

それは戦局の決定的転換を意味するものだったが、その場面の叙述に移る前に、主戦場となっていた植木・田原坂方面の戦況に目を向けなければならない。

# 第四章　田原坂の戦い

## 植木方面の戦闘と連隊旗の喪失

乃木希典《まれすけ》率いる第十四連隊は結局、第一大隊左半大隊以外は入城に間に合わず、熊本市の北隣に位置する植木（現・鹿本《かもと》郡植木町）で薩軍と遭遇することになった。

久留米方面から熊本に向かう場合、南関《なんかん》（現・玉名郡南関町）方面から高瀬《たかせ》に南下し、ここから東へ木葉《このは》を経て田原坂を越え、植木に達するルートと、南関方面から東へ山鹿《やまが》にいたり、ここから南下して植木に向かうルートとがあり、両道が植木で交差して、ここから現在の国道三号線に沿って約一〇キロ南下し、熊本城に到達する。植木は両軍にとって戦略上きわめて重要な地点であり、田原坂《たばるざか》はここにいたるために越えねばならない、あるいは守らねばならない要地だった。

乃木の第十四連隊が木葉に集合したのは二月二十二日午後で、斥候《せっこう》の情報ですでに植木に薩軍が進出していることを知って、ここに哨戒線《しょうかいせん》を張った。月光鮮やかな夜だったため、身を潜めて夜陰にまぎれた。

植木に到着していた薩軍は五番大隊二番小隊と四番大隊九番小隊で、村田三介と伊東直二がこれを率いている。交戦が開始されたのは午後七時。接近した薩軍部隊が政府軍を襲撃、薩軍が射撃と抜刀突撃で押し気味に戦局を進めた。

乃木は日記に、開戦の模様を次のように記している。

「七時に及ぶ頃《ころお》い、賊兵一団閧号《こうごう》して本道の戦線に迫る。初て一斉の号令放火を以《もっ》て之に応じ、戦声一時天下を動かし、忽《たちま》ち彼の猛勢を挫折し、追却《ついきゃく》する数十歩。……殆《ほとん》ど九時に至る。賊勢次第に加り、白兵奮進吶喊《とっかん》雷の如く、又本道の戦線に肉薄す。防戦頗《すこぶ》る困《くるし》む」(『乃木希典日記』)

支えきれないと判断した乃木は旗手の河原林雄太少尉に連隊旗を担がせ、後方の千本桜まで撤退した。千本桜に着いたとき、河原林の姿が見えないことに気づいた乃木はあせる。自ら連隊旗を取り返しにいこうとしたが、周囲に押しとどめられた。

河原林は伊東隊の岩切正九郎によって斃《たお》され、背中の旗が奪われたといわれている。連隊旗は戦場の焼け跡から発見されたという説もあるが、岩切自身も「一士官を認め之を倒した

**熊本周辺の薩軍、政府軍進路略図**（2月～4月）

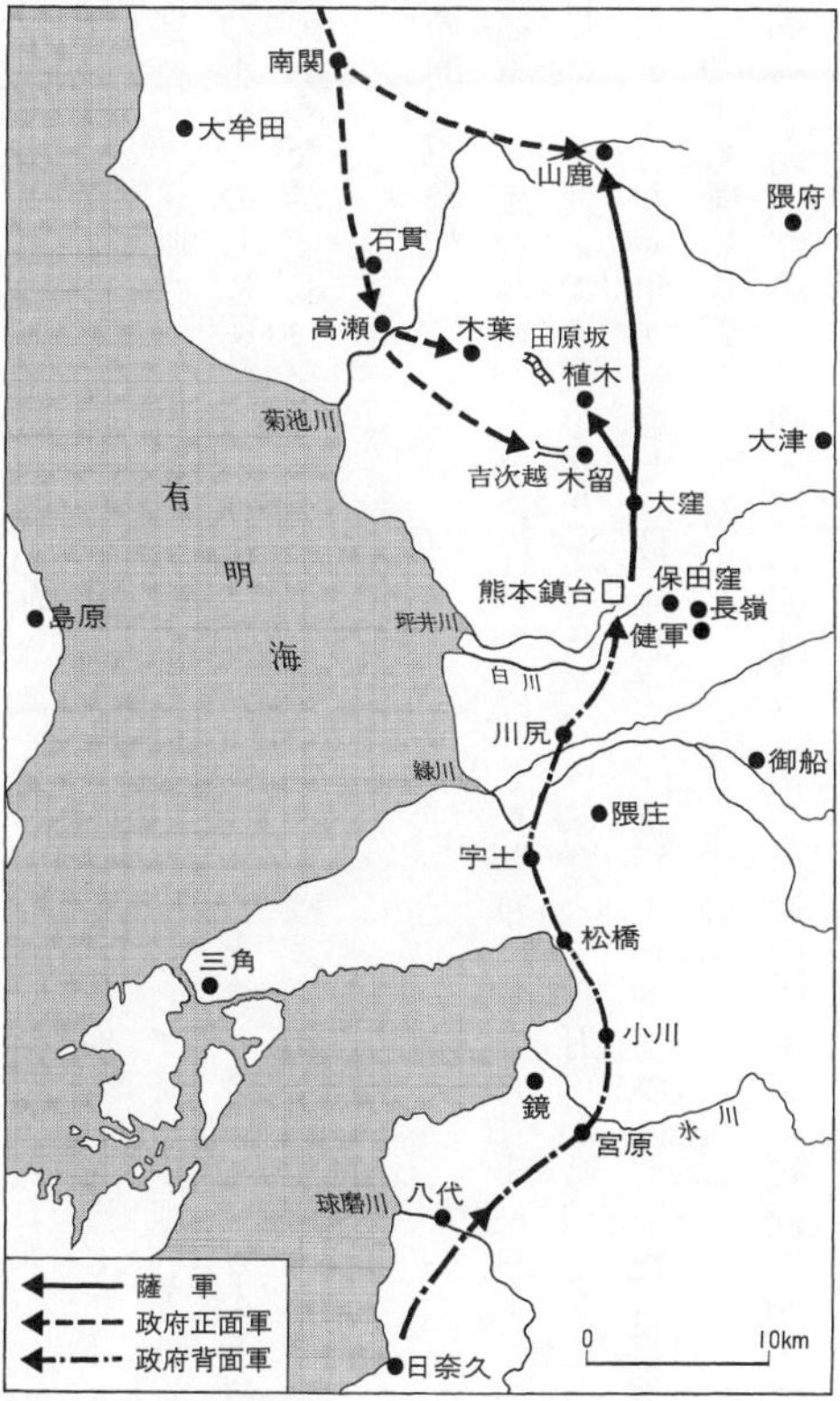


出所：橋本昌樹『田原坂』（中公文庫、1976年）を基に筆者作製

が……士官の背腰に挟んだもの、約二尺位も捲《ま》いた旗が現われ出たに因《よ》って之《これ》を分捕《ぶんどり》した」（『薩南血涙史』）と証言している。薩軍の手に渡った連隊旗は三月三日、熊本城攻城軍の陣中に掲げられた。

「此日四方地村の賊塁に軍旗の如き旗を掲ぐ」（『熊本鎮台戦闘日記』）。旗を掲げさせた辺見十郎太は、「見よ見よ是旗の何者たるを、天已《すで》に我輩《わがはい》の誠忠を感じて下し賜えるなり」（『薩南血涙史』）と叫び、籠城軍には糧食も援兵もないとして降伏を呼びかけたという。

乃木は、のちに明治天皇崩御に際して殉死《じゅんし》したときの遺書で、この連隊旗喪失後、死に場所を求めながら機会を得なかったと悔《く》いたことはよく知られている。

## 高瀬での戦闘

緒戦で軍旗を奪い、有利に作戦を展開した薩軍は、二月二十三日も木葉で第十四連隊と衝突した。夕刻まで激戦を繰り返したが、夜になって政府軍が戦線を立て直すべく退却を開始したところを薩軍が急襲し、壊走させた。前線で指揮を執っていた吉松秀枝少佐は木葉で戦死、乃木も乗馬を撃たれて落馬し、かろうじて脱出した。

福岡を発った第一旅団と第二旅団は、南下の途中で木葉の戦況を知って一個中隊を人力車で急行させ、二十四日に高瀬を押さえた。二十五日、第一、第二旅団が南関に到着し、正勝寺《しょうしょうじ》に本営を置く。山県は野津鎮雄《しずお》、三好重臣《しげおみ》の両指揮官に書簡を送り、三浦梧楼《みうらごろう》少将を司令長官に第三旅団を編成して派遣することを伝え、「目下の急務は、熊本城に連絡を通ずるに在り。切に両公の尽力を望む」（『西南記伝』）と求めている。

当初、鹿児島奪取を第一の攻撃目標としていた陸軍だが、まずは孤立した熊本鎮台と連絡を通じることが急務となっていた。この日、正三位陸軍大将の西郷、正五位陸軍少将の桐野と篠原は、反乱の挙動によって官位を剝奪《はくだつ》される。征討令から六日、西郷の関与を断定しかねていた政府も、それを認めざるを得なくなっていた。

薩軍は、二十五日午後から高瀬への攻撃を開始した。前面に流れる高瀬川をめぐる攻防は二時間に及んだが、薩軍は退却する。旅団到着を受けて体制を整えた政府軍は翌日早朝から反撃を開始し、第十四連隊は田原坂《たばるざか》まで前進するが、糧食不足もあって三好が退却を厳命したため、高瀬の後方、石貫《いしぬき》まで退いた。このとき、田原坂を放棄せずにとどまっていれば、この後の凄惨《せいさん》な戦闘はなかったのではないかとも指摘されている。

実際、第十四連隊はかなり退却をしぶった。「歩兵第十四連隊十年役日誌草稿」には、はじめ三好から退却を命じられたとき、「此地を再び得るに難《かた》きを以て」単独で保つと答えたが、再び厳命されたため、やむなく石貫へ下がったと記されている。

二十五日、薩軍側も高瀬の戦局を打開して一挙に勝敗を決すべく、篠原、村田、桐野、別府がそれぞれ一番、二番、四番大隊、六番・七番連合大隊を率いて熊本を出発、植木と熊本の中間地点にある大窪《おおくぼ》（現・熊本市）に到着する。二十七日、高瀬奪取を目指して薩軍の総攻撃が開始された。第一旅団の「戦闘景況戦闘日誌」は、その模様を次のように記録している。

「二十七日晴　払暁《ふつぎよう》賊兵大挙、一は高瀬、一は木葉より、狭間《はざま》川を渉《わた》り両道より衝突す。勢甚猖獗《いきおいはなはだしょうけつ》、両道の官軍激戦、賊遂《つい》に潰走《かいそう》す。三好少将重臣狭間川に於て銃創《じゆうそう》を負う。乃木少佐希典又傷を負う。薄暮《はくぼ》戦を収む」

三好、乃木とも負傷する一方で、薩軍側では西郷小兵衛が戦死した。劣勢のなかで配下の貴島良蔵が撤退を進言した瞬間、小兵衛の胸を弾丸が貫いたという。貴島によると、小兵衛は「予が為に阿兄《あけい》に告《つげ》よ、戦い遂に意の如くならず」(「貴島良蔵上申書」)とつぶやいて息を引き取った。

敗戦後の薩軍にとって最大の課題は、政府軍の熊本城連絡を防ぐことに置かれ、この間に鎮台を落として攻勢に出ることが期待された。熊本に向かう南下ルートを防ぐ山鹿《やまが》方面には桐野があたり、高瀬、木葉から植木に出る田原坂、吉次越《きちじごえ》には篠原が、その背後の木留《きとめ》は村田と別府が担うことになった。高瀬方面から熊本に出るには狭い吉次越を経て木留に出るか、田原坂を越えて植木に向かうほかない。戦局の最重要局面は、この坂の攻防になる。

## 田原坂・吉次越の戦い

木葉から植木にいたる途上に広がる田原坂は、ふもとから一の坂、二の坂、三の坂と上って、現在の田原坂公園にいたる。曲がりくねった険しい勾配《こうばい》からゆるやかな坂道になり、頂上に達するが、坂の脇は崖《がけ》に削られ、守るにやすく攻めるに難い難関であった。薩軍はここに強固な堡塁《ほるい》を築いて防衛する。

田原坂周辺図

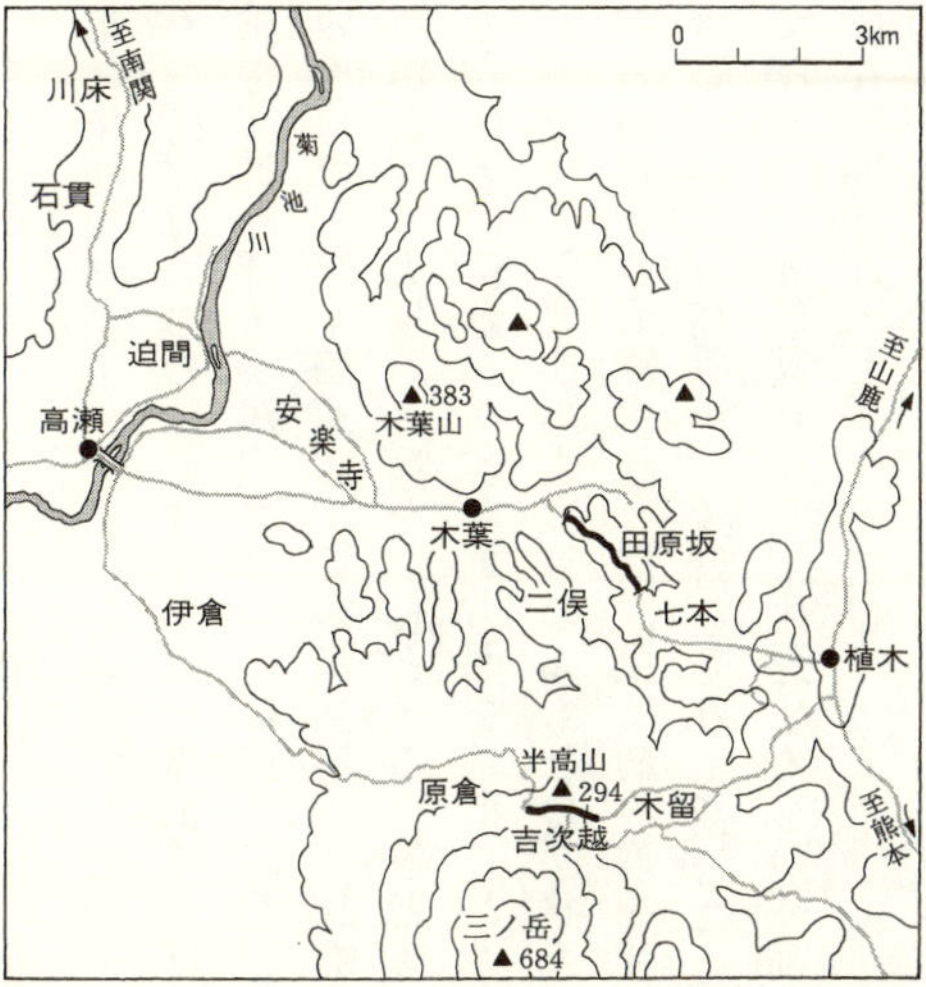


出所：橋本昌樹『田原坂』（中公文庫、1976年）を基に筆者作製

　山県有朋は三月二十日にここを視察した際、その地形を次のように述べている。

「田原坂の険たるや、両崖皆高くして街道は凹状を成し、坂を折るゝ数所愈々《いよいよ》登て愈々険なり。而《しか》して賊は此の両崖に拠《よ》り、或《あるい》は塁を樹木鬱蒼《うっそう》の間に設け、或は壁を岩石嵯峨岈《さがか》の際《きわ》に築き、所謂《いわゆる》一夫之を守れば三軍も行く可からざるの地勢たり」（『征西戦記稿』）

　それまで後方から、なぜ数千の兵をもってして一つの坂を抜けないのか疑問に思っていたという山県は、田原坂を実見して納得し、将兵の犠牲に涙を流したという。

第二旅団を率いてきた三好が負傷したため、野津が第一、第二両旅団を統括することになった。野津は薩軍の防衛体制が固まる前に攻撃を仕かけたいと進言したが、山県はあくまで慎重で、進撃部署が決定されたのは三月二日、戦闘が開始されたのは三月三日のことである。

政府軍は、第十四連隊、近衛歩兵第一連隊を中心とする本隊と、同じく近衛歩兵第一連隊、東京鎮台兵、大阪鎮台兵を中心とする支隊とによって編成され、前者は安楽寺《あんらくじ》から田原坂方面を、後者は伊倉《いくら》から吉次越方面を目指した。三日の戦闘で政府軍本隊は安楽寺と木葉を奪取し、支隊も伊倉から吉次越のふもとの原倉《はらくら》まで前進した。

三月四日、政府軍本隊は田原坂に総攻撃を開始し、薩軍の第一塁を突破した。だが、坂道にさしかかると高所から猛射を受けて進むことができず、「賊、天然要地に土塁を築き固守して不抜《ぬけず》……死傷甚だ多し、生還するもの甚稀《まれ》なり」(第一旅団「戦闘景況戦闘日誌」)という凄惨な戦場となった。

激しい砲声に西郷も心配したらしく、熊本籠城戦に参加していた河野主一郎のもとを訪れて「我行きて見ん」といったため、河野は斥候から戦況を聞いてほしいと押しとどめたという。

すでに吉次越でも激しい銃撃戦が開始されていた。「溝には鮮血湛《たた》え、畠には死屍《しし》横わる、満目《まんもく》の山樹弾痕《だんこん》蜂巣《はち》の如く」（「丁丑弾雨日記」）といった凄惨な戦場が現出されたが、三月四日の戦闘では『薩南血涙史』の著者加治木常樹が十数名の部下を率いて白兵突撃して敵塁を奪っている。だが、政府軍の迎撃も激しく、一番大隊長篠原国幹《くにもと》が戦死した。外套《がいとう》をひるがえし、銀装刀を振るって陣頭にあった篠原は、顔を知っていた江田国通少佐の指示を受けた狙撃《そげき》手によって射殺された。

篠原の戦死後も薩軍の士気は衰えず、江田も戦死、政府軍が退却したところ追撃を受けて高瀬まで壊走する。指揮官の野津道貫《みちつら》大佐（野津鎮雄の弟）自身も二度銃弾を受けたが、一発はベルトに当たり、一発は軍刀に当たって難を逃れた。政府軍は吉次越を「地獄峠」と呼んだ。この日、政府軍、薩軍とも四〇名ほどが戦死した。

三月五日、吉次越の戦局の不利を悟った野津大佐は、一部部隊を警戒に残して田原坂の戦線に加わることを進言して容れられ、この日以降、戦闘は一進一退の攻防戦を繰り返すことになる。

七日に政府軍は田原坂と木葉川を挟んだ対面にある二俣《ふたまた》台を占領したが、薩軍の強固な堡塁と抜刀による突撃に苦しみ、前進できない。火力に勝る政府軍は猛射を加えて銃剣で突撃し、薩軍は応射を試みつつ、抜刀隊が闇にまぎれて突如白刃《はくじん》突撃して応戦した。

こうした薩軍の強固な防戦を前に、政府軍兵士の眼前には西郷の影がただよいはじめたようである。

長崎県の密偵島田欶九郎《そうくろう》は、西郷が一部隊を率いて熊本城外を我が物顔で徘徊《はいかい》しているとか、三月六日に熊本に踏み込んだといった情報を収集している。三月十三日には森新三郎なる人物が長崎県の密偵に、薩軍の整厳《せいげん》たる形勢は、西郷自身が自ら軍配を執って指揮しているためにほかならないと語っている。のちに田原坂が突破された際も、政府軍は「西郷隆盛植木の駅に陣を構え」、漆塗りの椅子に座って直接指揮していると信じており、「西郷賊」と呼んで攻撃を仕かけていたと密偵は報告している。

政府軍のなかには、西郷隆盛と薩摩隼人《はやと》に対する畏敬《いけい》と恐怖のようなものも存在していた。橋本昌樹氏の『田原坂』には、金沢の第七連隊が出征する際、兵士たちが薩摩士族の強靭《きょうじん》さについて語り合い、西郷が敵にいるのは荷が重いと話している様子が描写されている。そのなかにいた伍長津田三蔵《つださんぞう》が残した書簡も、当初から薩軍の戦力をかなり脅威に感じていたことを示しており、西郷を「昔日の忠臣」などと書いて敬意を払っていた。津田はのちに大津事件の犯人となる人物で、この年二十二歳であった。

前線の政府軍将兵にとって、田原坂と吉次越の薩軍は、その西郷と薩摩隼人に対する脅威の念を実証する形になっただろうし、それだけに西郷の関与が疑われ、敵愾心《てきがいしん》が煽《あお》られたのだろうが、それ以上に西郷なくして抵抗しえないと自覚していた薩軍にとって、期待されるのは具体的関与ではなく象徴的関与であり、前線進出よりも後方待機であった。

三月十六日に田原坂で捕縛された薩軍兵田中久太郎などは、西郷は自ら戦うために精鋭八〇〇名を残しているのだと供述している。

西郷は当時、本営を川尻から、熊本城の南、一キロほど離れた北岡《きたおか》神社の境内、そしてそこから少し南に下った二本木《にほんぎ》へと移転させながら、厳重な警備に守られていた。

警護を担当した大野義行は、二本木本営時代の西郷について、戦場視察はせず斥候によって状況を把握し、陣中では「何と定まりたることとなし、時々新聞など観」ていたが、苦戦時には自ら出て戦うといって止められたと語っている。野村忍助らも、護衛兵は一個中隊ほどで、西郷は全体の指揮を執っていたが、書状や新聞をみていたとのちに述べている。警備は厳重で、本営との連絡役を務めていた佐土原《さどわら》隊の小牧秀発は、二本木の西郷は外に出ることなく、「警備頗《すこぶ》る厳重を極む」とその日誌に記録している。

警護は薩軍内でも重要任務とされており、警護担当だった深江孝蔵によると、二本木本営時代に前線に出たいと池上四郎に申し出たところ警護が重要だと退けられ、桐野に申し出てみても「警護先要たり」と却下された。厳重な警護に守られながら、新聞を読んだり兎狩《うさぎがり》をしつつ、将士を励ますなど戦争にも一定の関与を見せる、というのが戦時下の西郷の暮らしぶりだったようである。警護は正当性と求心力を西郷個人に負っていた薩軍という組織の要請だったが、西郷自身も一種の諦念《ていねん》を抱きつつ、自らその役割に任じていたように思われる。それが完全な戦争への絶望や絶縁にいたらず、作戦に関与したり、兵を励ましたり、政府の非を難じたりしたのは、暗殺問題へのこだわりと挙兵の正当性に対する信念、あるいはこれを信じようとする姿勢と、郷党への愛着や責任感のゆえであろう。

実際、西郷のために死のうとする将兵は少なくなかった。小兵衛の死を見届けた貴島良蔵は二本木の本営で戦状を報告し、西郷から慰労の言葉を投げかけられているが、のちの上申書で、西郷が将士を撫労《ぶろう》するのはいつもこのごとくであり、「故に将士争うて為に死《しな》ん事を思う」と述べている。『東京日日新聞』(四月十六日付)は、西郷は前線に出ようとすることがしばしばあったが、周囲は「万一御身に怪我でもござっては全軍の士気に係わる」として身を挺してこれを止めており、敗走する薩軍兵は西郷の顔を見ると敗戦と知りながら直ちに取って返し、命を落とすものが多いようだと伝えている。やはり求心力としての西郷の存在は薩軍にとって不可欠であった。

## 政府軍の抜刀隊と巡査募集

薩軍の白刃突撃を前に、政府軍側でも抜刀隊《ばっとう》を組織して対抗することになったのは、三月十三日のことである。

三月八日、南関で警備や輸送にあたっていた大警部上田良貞が川村純義と面会すると、川村は田原坂の損害が大きいことを憂い、選抜隊を組織して突撃をかければ敵塁を落とせるのだが、誰か請け負ってくれないだろうかとつぶやいたという。これを聞いた上田は同僚と協議の上、十一日に川畑雅長、園田安賢とともに山県と面会し、参戦の希望を伝えた。山県は当初聞き入れなかったものの、戦局の不利を見て方針を変え、「今一奇計を施し、七、八十名の巡査を精選し、短兵《たんぺい》田原の賊類を斫《き》らしめば、必ず大捷《たいしょう》を得ん」(『征西戦記稿』)と上田に説き、「抜刀隊」が編成されることとなった。

上田はさっそく一〇〇名の精鋭を選抜して木葉に進出し、三月十四日早朝から戦線に参加、薩軍の堡塁に抜刀突撃を敢行した。警視隊の戦闘日注には、「一斉吶喊《とっかん》賊塁に突撃し、叱咤《しった》奮戦す。賊銃を擁し刀鞘《さや》を脱するに遑《いとま》あらず、立ろに《たちどころ》賊八九名を斬る」(『西南戦闘日注並附録』)と記録されている。十五日から開始された二俣と吉次越の間にある横平山の攻防戦でも、抜刀隊の攻撃が功を奏して山頂を奪うことに成功している。損害も大きかったが、効果も大きかった。

抜刀隊の主力を形成していたのは、鹿児島の郷士階級出身の巡査である。彼らは旧藩時代から城下士に「郷の者」といわれて差別されており、維新後も不仲が知られていた。戦場における彼らの活躍にも、城下士への恨みを晴らすという心理が潜んでいたのではないか、ともいわれている。

第一旅団も鹿児島出身者が多く、旅団会計部長の川口武定は日記の三月九日条に、次のように記している。

「薩摩の人を以て薩摩の賊を討つ、賊将の名は皆な其の知《み》る所なり。又我が旅団の兵卒に薩摩の人多し、互に相接近し、其の声を聞けば、皆な知友或は親族なり。……親族朋友相仇視《ほうゆうあいきゅうし》するは抑々亦《そもそもまた》何の故ぞや」(『従征日記』)

仇敵となった薩摩出身者は、互いに「賊」と呼び合っていたという。

こうして警視隊が前線に出たが、すでに政府軍は兵力の不足に陥っていた。当時の徴兵制度では免役適用者が多く後備兵《こうび》も十分でなかったためで、政府内では、戦力が不安視され訓練に手間のかかる徴兵より、即戦力の士族を募集すべきだという声が挙がる。これは徴兵令による国民皆兵制度に反する措置となりかねないため、岩倉具視も懸念を示しつつ、やむを得ない場合は「巡査」として採用することを提案したが、木戸は、士族兵の募集は「薩摩を討ち、又《また》一小薩摩を生ずる」(『木戸孝允文書』)ことになると反対した。ただ、事態は背に腹は代えられないところに来ており、結局、巡査募集は実施される。

山口では旧近衛兵の募集が実施され、一三〇〇名余の壮兵が戦地に送られた。「近衛大砲に徴募がなけりゃ、花のお江戸に踊りこむ」と薩軍兵が歌うことになるインパクトを彼らは与えていくことになるが、半数が徴兵だった熊本鎮台も猛攻に耐え、籠城戦を戦い抜いた。

## 「戊辰の復讐」

この警視隊に、旧会津藩出身者が多数参加していたことは有名である。

幕末の政局において薩摩と会津はひとたび同盟関係にありながら、薩摩はやがて長州と手を握り、戊辰戦争で「官軍」として会津を討った。降伏した会津藩は下北半島の不毛の荒野斗南《となみ》に転封《てんぽう》され、藩ぐるみの流罪ともいうべき極貧と飢餓の苦しみをあじわうことになる。

当時少年だった柴五郎《しばごろう》（のち陸軍大将）は、寒さと飢えに満ちた生活のなかで、「会津の乞食藩士ども下北に餓死して絶えたるよと、薩長の下郎《げろう》武士どもに笑わるるぞ、生き抜け、生きて残れ、会津の国辱雪ぐまでは生きてあれよ、ここはまだ戦場なるぞ」（『ある明治人の記録』）と父に叱責《しっせき》されながら、吐き気をおさえて犬肉を飲み込んだと回想している。

この苦境を生き抜いた柴は、西南戦争開戦当時、陸軍幼年学校に在籍していた。征討令の発令を聞いた二月二十日、彼は日記に「芋《いも》（薩摩）征伐仰せ出されたりと聞く、めでたし、めでたし」（同前）と記している。その五郎のもとに、兄四朗から警視隊に参加して前線に向かうという手紙が届いたのは、三月二十七日のことであった。そこには、「今日、薩人に一矢《いっし》を放たざれば、地下《じげ》にたいし面目なしと考え、いよいよ本日西征軍に従うため出発す」（同前）と記されていたという。

翌日付の『郵便報知新聞』では、従軍記者だった犬養毅《いぬかいつよし》（木堂《ぼくどう》）が田原坂の戦況を報じて、巡査隊の「故会津藩某」が一三人を斬る奮闘を見せ、その戦闘中大声で、「戊辰の復讐《ふくしゅう》、戊辰の復讐」と叫んでいたと伝えている。事実であったか確認する術《すべ》はないが、会津から従軍した警官を捉えていたものが復讐の念だったのは右の柴四朗の言葉にある通りで、『郵便報知新聞』主幹の藤田茂吉《もきち》も従軍記者として戦地に向かう途上、徴募巡査と同船し、東北訛《なま》りの一人が繰り返し次の歌を口ずさんでいたと伝えている。

「妻や子を振り棄て〻古郷《ふるさと》の春を跡になし、恨《うらみ》かさなる薩摩潟、心尽しの甲斐ありて巡査の拝命受《うけ》しより、酬《むく》う刀の切れ味を、胸の砥石《といし》で研ぎすまし、はむかう奴原《やつばら》切りて捨て、君と我身の敵を除き、光り輝く日の丸を、天が下にて振照らし、お医者様ではないけれども、国の病が直し度《た》い」（『郵便報知新聞』四月十二日付）

このとき、彼らはまぎれもなく「官軍」であった。『西南戦争・福島県人の奮戦』によれば、警視隊に参加した福島県出身者は一一七七名、警視隊全体の一〇パーセント弱だったが、戦死者は一四三名で、全体の二四パーセントにのぼったという。会津戦争で指揮を執った山川浩《ひろし》と佐川官兵衛《かんべえ》は、それぞれ陸軍中佐、一等大警部として参戦し、山川は熊本城開通の功を挙げ、佐川は阿蘇《あそ》で戦死した。

なお、『郵便報知新聞』の犬養は、三月二十七日以降、「戦地直報」と題する従軍記事を連載していた。当初、西南戦争の戦争報道は、社長の福地源一郎《ふくちげんいちろう》（桜痴《おうち》）自ら戦地に乗り込んでいた『東京日日新聞』がリードして読者の支持を得ていたが、各社もこれに続いて記者を投入し、とりわけ弾雨のなかを駆けた犬養の記事は人気を呼んだという。

## 田原坂陥落

田原坂の激戦は続いていた。政府軍が用いた弾薬は一日平均で約三二万発、加熱する銃身を水で冷やしながら射撃を続け、その間に白兵突撃から罵声《ばせい》の飛ばし合いまで、接近戦が展開された。

「出征第一旅団戦記」によると、戦線の膠着《こうちゃく》に危機感を抱いた野津は三月十九日、幕僚らとの作戦会議において、すでに熊本城の包囲は二〇日を超え、糧食も援軍も尽きているとして、「一旦《いったん》台城を以て賊に委《まか》せば何の面目ありて天下に立たんや。詰朝《きっちょう》、全軍大挙し極《すみやか》に其《その》重囲を鮮《とか》んとす。諸君其れ努力せよ」と翌朝の総攻撃を指示した。

三月二十日午前五時、前夜からの雨が続き、霧が立ち込めるなか、政府軍はひそかに行軍を開始した。三発の号砲を合図に田原坂の前衛堡塁に迫ったのは午前六時で、砲兵の援護射撃を受けながら総攻撃を開始すると、不意を突かれた薩軍の防衛線は崩れ、政府軍は勢いを駆って一気に田原坂を突破した。

第一旅団の「戦闘景況戦闘日誌」は、次のように戦況を記録している。

「二十日払暁《ふつぎょう》、大挙進軍前後より降雨未《いま》だ止《や》まず、雲霧に乗じ砲声三放を期として一斉に進む。賊狼狽《ろうばい》、一弾を放たず大に潰走す」

堡塁に残された薩軍兵の遺体は一三〇余にのぼったが、政府軍に死傷者はなかったという。野津と大山は橘樹《きつじゅ》の生える塁上から観察していたが、戦勝報告を受けて思わず足を踏み、「手を捧げ大声を放つ。其喜知る可きなり」（「出征第一旅団戦記」）。

戦跡は無残だった。田原坂の戦場を見た犬養は、「田原坂の樹木電線柱抔《など》は銃丸の為に砕け、其全体を失する者往々也」（『犬養木堂伝』）と記している。遺体は土をかぶせただけで臭気が鼻をつき、鮮血は雨に流れた。

雨は降る降る人馬は濡れる　越すに越されぬ田原坂
右手《めて》に血刀左手《ゆんで》に手綱　馬上豊かな美少年

有名なこの歌に登場する美少年のモデルになったのは、村田新八の子岩熊《いわくま》、熊本隊の高橋長秋、旧人吉藩士の三宅伝八郎などといわれており、少年は雨中馬を駆り血刀を提《さ》げ、薩軍本営に敗報を知らせるべく走ったと伝えられている。

犬養は、薩軍内で「我軍は天下に恐るるに足るものなし、唯一雨、二赤帽、三大砲、の三者に困す」（『郵便報知新聞』四月十一日付）といわれていると報じているが、薩軍にとって雨と赤帽、すなわち近衛兵と、大砲は大敵だった。

政府軍が雨中でも使用できる後装（元込《もとごめ》）式のスナイドル銃を多数採用していたのに対し、薩軍が主に使っていたエンピール銃は雨が降ると火薬が湿って不発になってしまう。弾薬が前装（先込《さきごめ》）式のため発射速度が遅い上、弾薬は乏しく、地元住民に落ちている弾を拾わせ、買い取るような状況だった。この頃の政府軍の弾薬製造数は一日に四万発で、こちらも欠乏が懸念されたが、輸入や増産による調達に努め、人吉陥落後には日産二〇万発にまで達する。

兵の服装も政府軍の制服のほうが行動しやすいため、巡査の服を入手して「下に長着物の筒袖を着し、上に洋服を着するがはやり」になっていると、高橋長秋は記している。高橋いわく、「古代の風にては戦地にて不自由の様子にて御座候」（『党薩熊本隊』）。

田原坂を突破した政府軍はそのまま植木を突いて民家に火を放ち、熊本に南下しようとするが、これは深追いで、待ち伏せした薩軍の抜刀隊に襲撃されて孤立、弾薬も糧食も尽きて多数の戦死者を出し、植木に退却した。

薩軍の六番大隊に属して田原坂の前線にいた十七歳の早田進は日記に、「薩兵敗れ、植木之内向坂《むこうざか》と云う処にて防ぎ止め、直《ただち》に切込にて道法《みちのり》一里計《ばかり》追い還《かえ》し、其時官兵の戦死三百名、我が薩兵の戦死手負《ておい》合せて十名余なり」(「鹿児島暴動軍日記」『西南戦争(都城編)』)と記録している。

薩軍は植木からやや南に下った向坂を中心に堡塁を築き、防衛線を引く。ここを突破されれば、あとは道がまっすぐ熊本に伸びている。

## 山鹿の自治と陥落

田原坂突破の翌日、桐野が担当していた山鹿の戦線も崩れ、山鹿方面の政府軍も植木に入った。

桐野が協同隊の先導で山鹿に入ったのは二月二十四日であった。もともと薩軍は、田原坂方面で政府軍を防ぎつつ、山鹿方面では攻勢に出たい構想だった。政府軍は第十四連隊と第一連隊の三個中隊を中心として二十六日に山鹿の薩軍に攻撃を開始するが、桐野はこれを迎撃して退却させると、南関の奪取を目指して三月三日に山鹿を出発した。援軍に駆けつけた野村忍助の活躍もあって薩軍が有利に作戦を進めたが、敵の側面を突破しようとした協同隊の隊長平川惟一が銃弾を受け、戦死した。

翌日、斥候から「田原大敗の報」が伝えられると、桐野は自軍の突出を恐れて退却を命じ、政府軍の追撃を受けることになった。実際には田原坂はまだ堅強な抵抗を続けており、これは斥候の誤報だったといわれている。

三月十日、三個大隊を率いてきた陸軍少将三浦梧楼が岩村（現・玉名郡和水町《なごみまち》）に到着し、山鹿方面の諸隊を吸収して第三旅団を編成、山鹿・鍋田《なべた》に拠る薩軍にあたることになった。

岩村から鍋田にいたるルートが激戦地となり、十二日早朝から開始された戦闘では激しい堡塁の争奪戦が展開され、飫肥《おび》隊の活躍が目立った。苦戦した三浦は山県に援軍の出動を要請したが、田原坂方面の戦況が芳しくないとして自力での戦闘を求められ、十七日黎明には総攻撃を開始、薩軍も死力を尽くして抗戦して守り続けたが、二十日に田原坂が敗れると山鹿方面の薩軍のほとんどが植木での戦闘に向かったため、翌日に山鹿は政府軍に占領された。

協同隊が山鹿に入ってから戦争状態になるまでの間、彼らはその理想の実践を試みたことが知られている。宮崎八郎の実弟宮崎滔天《とうてん》が記した「熊本協同隊」によると、協同隊は戸長経験者の野満長太郎を「民政官」とし、「人民を集めて自治政の要旨を説明し、普通選挙法を以て人民総代なるものを選ばし」めたという。選挙された大森惣作《そうさく》以下数名を野満が監督し、「自治の政」を行った。

川口武定の日記には、総代は一村につき二名か三名おり、これを副総代が助けるしくみになっており、住民を選抜して「人民保護兵」なる職に任じていたと記されている。山鹿のほか、協同隊は植木周辺や菊池郡・山本郡などの滞陣地でも同種の辞令を交付していた。隊長なども選挙で選ばれ、たびたび改選によって交代するなど、その理想の実現を目指したが、共和主義的・民主主義的性質のため議論百出してまとまらず、戦闘部隊としては不利があったらしい。

その理想の実践も、わずか一ヵ月足らずで頓挫《とんざ》した。田原坂と山鹿の敗戦の結果、薩軍は向坂を中心に、その東方の鳥栖《とりのす》(現・合志《こうし》市)・田島《たしま》(現・菊池市)に右翼を張り、西方の木留・三ノ岳に左翼を張って政府軍の南下を食いとめることになった。

政府軍の動員兵力は第一、第二、第三、第四旅団の計六六個中隊で、対する薩軍は一番、二番、三番、四番、五番大隊などの四八個中隊に熊本隊、協同隊、飫肥隊などが加わって防戦にあたる。兵力は政府軍に有利だが、この方面での薩軍の防衛線は固い。

## 戦闘の膠着と科学技術

三月二十日の田原坂陥落後、政府軍の南下攻勢はすぐに開始されたが、主戦場の向坂方面で二十日、二十一日、二十二日と戦闘を有利に展開したのは薩軍で、二十三日以降も一進一退を繰り返した。左翼の木留では二十四日に政府軍が総攻撃を仕かけていったんこれを占領したものの、翌日には奪還を許し、植木方面より木留奪取を優先して力を集中するが、なかなか奪い取ることができない。

吉次越の抵抗も固かったが、四月一日早朝、近衛第一連隊が中心となって実施した奇襲攻撃が功を奏して、ついに突破した。翌日には吉次越から木留に迫った第八連隊などが民家を焼き払って攻勢をかけ、木留を占領する。右翼の鳥栖方面は、山鹿方面の薩軍が転じて防衛にあたっており、三月三十日から開始された第三旅団の攻撃を防ぎ続けた。同じく第三旅団の攻撃を受けた隈府《わいふ》の抵抗も頑強で、総攻撃によって陥落したのは四月九日になってからである。

木留が落ちたことで、木留・植木方面から熊本へ通じるルートが主戦場となった。荻迫《おきさこ》、辺田野《へたの》といった地所で、現在のＪＲ鹿児島本線植木駅の周辺にあたる。

四月六日午前四時、政府軍が荻迫の薩軍堡塁に攻撃を開始するが、一進一退が続いて政府軍は退却した。この日は朝から濃霧で視界が悪く、薩軍が忽然《こつぜん》と出没して縦横無尽に白兵突撃を仕かけ、政府軍は防戦一方であった。政府軍は七日、八日と攻撃を仕かけるがやはり突破できず、九日の戦闘では前線で指揮を執っていた乃木も負傷して退却した。

歴史学者の猪飼隆明氏の『熊本の明治秘史』によれば、植木方面で激戦が続いていたこの四月はじめ、木葉の政府軍が風船砲弾弾薬（風船爆弾）を送るよう要請し、実際に陸軍省兵器局から長崎に回送され、新たに購入する措置もとられたという。実際の使用状況などはわからないが、陸軍は明治五（一八七二）年にドイツからこの爆弾を購入していた。このほかにも、実戦配備はされなかったものの、軽気球が製作されて実験に成功しており、海軍では艦艇に「火箭《かせん》」と呼ばれるロケットが搭載されて攻撃用や郵便用として使用され、熊本城では地雷が埋められた。戦争が科学技術を進歩させるのは現代も変わらないが、当時もまた、戦争の現場で実践的な科学実験が行われていたわけである。それは危機感の反映であったか、あるいは余裕のあらわれであったか、どうか。

少なくとも、植木の戦闘で政府軍は苦戦していた。薩軍の抵抗のあまりの屈強さに、ここでも政府軍将兵の目に西郷の幻影があらわれたようで、三月三十日、長崎県の探偵は植木・木留方面の戦況を報じて、「西郷に面会はせずと雖《いえ》ども、前夜より西郷隆盛来《きた》り指揮す。全く同人の計策に出ると探索人見認候」（「戦地探偵書類」）と伝えている。

山県も戦局を打開するため、左翼から迂回して熊本にいたる作戦を提起し、三浦は鳥栖を避けてさらに東側を廻って熊本に向かうべきだと提案したが、実施される前に熊本城の背面から政府軍が連絡を成功させることになる。四月十五日午後一時、薩軍堡塁から一斉に黒煙が天にのぼったが、これは熊本城連絡の報を受けて全軍が退却した証拠であった。政府軍が前進すると、堡塁のなかに薩軍の姿はなかった。

### 背面軍の編成と熊本への上陸

柳原勅使に随行していた黒田清隆と高島鞆之助は、鹿児島を実地検分した結果、勅使護衛隊を活用して海路熊本城の背面に上陸し、南から包囲網を解くべきだと考えるにいたった。帰路の長崎で三月十三日、黒田は「勅使護衛兵等を以て賊の背後を衝《つ》き、熊本城外の賊を攘《はら》うの外、策なきが如し」(『征西戦記稿』)と建策して容れられ、黒田が参軍に就任、山県は高島に護衛兵五個中隊を託し、黒田の指揮を受けるよう命じた。

かつて高島は佐賀の乱の際、自ら勅使として派遣され、八代を見聞してその重要性を認識したことがあり、開戦直後にも山県に背面軍の編成と八代占領を提案していた。

政府側も戦局の停滞を憂いており、木戸孝允はかねて背面軍を編成して川尻を攻撃するよう主張していた。大久保利通も三月十一日、伊藤博文に対して背面軍編成を提案し、黒田の建策にも同意してその実現を後押ししている。政府側は背面軍の成功を指を折って待つ状況となり、岩倉具視は三月二十九日、木戸宛の書簡において、「此上は呉々《くれぐれ》背後の御策成功を奏すべくと屈脂《(ママ)》相待候」(『木戸孝允関係文書』)と書いた。

かくして勅使護衛兵は別働第二旅団と改称されて護衛警視隊を加え、高島は三月十八日に長崎を出航、翌日に高島隊の前衛が日奈久の南方須口《すぐち》から上陸した。高島隊は艦砲射撃の援護を受けながら近くの薩軍を退け、八代を占領することに成功する。川尻から南にわずか三〇キロほどのこの球磨《くま》川の河口都市も、薩軍の警戒は薄かった。

政府軍上陸の報を受け、薩軍は永山弥一郎を指揮官とする六個中隊と都城隊などを派遣し、八代から一〇キロほど北上した氷川《ひかわ》（現・八代郡氷川町）の堤防に防衛線を引いた。二十日から交戦が開始され、翌日には薩軍が砂川（現・宇城《うき》市松橋《まつばせ》町砂川）まで退却、二十五日まで氷川と砂川を挟んだ地域で攻防が繰り返される。

二十五日には陸軍少将山田顕義《あきよし》が東京、名古屋、広島の各鎮台兵を率い、陸軍少将兼大警視川路利良が警視隊を率いて、それぞれ八代に上陸した。行軍を開始した東京鎮台歩兵第一連隊の宮下利右衛門が目撃したのは「兵士負傷者五十余」と、八代城下の田畑に作られた警視隊の「新墓地五十有余」で、すでに激しい戦いが続いていたことを物語っていた。

山田と川路の到着により、背面軍は黒田参軍のもと、山田の部隊が別働第二旅団、川路の警視隊が別働第三旅団となり、高島が少将に昇格して別働第一旅団（旧別働第二旅団）を統括することになる。

二十六日、背面軍は氷川と砂川の中間地点にある小川《おがわ》（現・宇城市小川町）を攻撃してこれを奪取した。永山が指揮を執っていた松橋《まつばせ》も三十一日には崩れ、背面軍は翌日に宇土《うと》を突破、山田が郊外の木原山《きはらやま》（雁回山《がんかいざん》）から熊本を望むと、城壁や硝煙が見えた。ここから緑川と薩軍拠点の川尻を挟んでわずか一二キロ。山田は狼煙《のろし》を上げさせ、熊本城に援軍到着を知らせた。

## 薩軍の対抗

川尻を目前にした背面軍の背後には、別の薩軍が迫っている。別府晋介と辺見十郎太らが鹿児島で新兵を募集して九番・十番大隊に編成し、引き返してきたのである。この募兵は、入牢《じゅろう》中の者を動員したり強迫して出兵を迫ったりと、かなり強引な手を使ったといわれている。

四月三日付で別府は桐野に書簡を認《したた》め、辺見と合流して八代に進撃すると述べ、三日以内に再会したい、黒田や高島らを「生捕にせん」と楽しみにしていると自信を披瀝《ひれき》していた。この日、辺見も永山に対し、八代を突破するので連携して攻勢に転じてほしいと書き送っている。

この両隊は球磨川に沿って北上しながら政府軍を圧迫、八代市内の古麓《ふるふもと》まで接近した。この別府・辺見隊は計二七〇〇名といわれている。

六日には別働第一旅団から三個中隊が援軍に駆けつけ、薩軍の八代進入を防ぐべく、球磨川の堤防で防戦を展開した。薩軍は攻勢を続けたが、政府軍の援軍が背後を突いたためにわかに壊乱する。薩軍兵は難を逃れようとして球磨川に飛び込み、溺死する者が少なくなかった。戦場にいた協同隊の宮崎八郎はこのとき、辺見を逃すべく指揮旗を受け取り、これを突きかざしたところを撃たれ、やがて戦死した。懐中には彼が筆写した「民約論」がはさまれていたと伝えられている。袖口に縫いこまれていたという辞世は、次のようなものであった。追懐し涙した往時とは、いつのことだったのだろうか。

吟月坐花二十年　追懐往事涙潸然
分明昨夜破窓夢　立馬芙蓉万刃巓
（古閑俊雄『戦袍日記』）

永山はこの日、河野主一郎との軍議の席で、「甲佐《こうさ》を以て墳墓の地と定めたり」（同前）と語り、今生の別れを告げた。

**熊本城開通**

四月八日、熊本鎮台の奥保鞏《やすかた》少佐率いる突囲隊が包囲網を突破し、背面軍に合流した。城中では食糧が欠乏し、負傷者には軍馬を殺して肉を与えている状態だという。これを受けて黒田は進撃の決意を固め、四月十二日をもって一斉進撃を実施することを決めた。攻撃目標は川尻に置かれ、まず、その目前を流れる緑川上流の御船《みふね》（現・上益城《かみましき》郡御船町）、さらに甲佐（現・上益城郡甲佐町）などを攻撃することになる。

この十二日、永山弥一郎が死んだ。苦戦の続いていた御船ではこの頃、協同隊が付近の村々で募兵をしようとしていたが、村の役人がこれを永山に訴えたため、永山は募兵をやめさせ、自ら御船に乗り込んだ。永山は、敵兵に囲まれると民家に入り、火を放って自刃した。自刃に際して永山は、「天運已《すで》に窮《きわま》り命数已に尽く、此則《これすなわ》ち吾が湊川《みなとがわ》なり」（古閑俊雄『戦袍日記』）と述べたという。

四月十四日、別働第二・第四旅団が川尻に突入し、市街地を占領した。川尻から熊本城までわずか七キロで、一気に進撃すべきだという意見が多かったが、山田は聞かなかった。黒田から、十五日に上げる狼煙を合図に進撃するよう命じられていたためである。

ところが、別働第二旅団の右翼を指揮していた陸軍中佐山川浩は熊本接近を決意する。山川の指揮下にあった田中正壮によると、川尻の銃声を聞いた山川は、「是はもう川尻の陥落であるから遅れてはならぬ、早くやれ」（『西南役と熊本城』）と指示して熊本城に向かい、城下に入る長六橋《ちょうろく》に敵兵がいないのを見て、一気に城までたどり着いた。城側は敵ではないかと疑って発砲してきたが、盛んにラッパを吹き、旗を振って政府軍の到着を知らせたという。

これにより、熊本城は開通した。
熊本城内にいた児玉源太郎によれば、鎮台側の様子は次のようなものだった。
「追々日が沈み掛って例の暮れ色蒼然《そうぜん》遠くより至るという頃合《ころあい》……一隊の軍伍が粛然として足並みを揃えて如何にも落ち着き払って長六橋に押し寄せてくる……本隊を熟視すると何《な》んぞ図らん是れぞ即ち我が熊本城に取って天の使、待ちに待ちたる別働旅団の応援軍で有って、川尻口を物の見事に打破り、勇気凜々として今しも城下に安着したのである。城中の欣喜雀《きんきじゃく》躍《やく》は実に思い遣《や》られる」(『熊本籠城談』)
当時負傷して入院中だった喜多平四郎は、喜びを短歌に織り込んだ。
「七重八重かけていのりし言の葉の　花とひらくるけふぞうれしき」(『征西従軍日誌』)
山田は山川の命令違反に激怒して譴責《けんせき》したが、翌十五日午前十一時には別働第一旅団が熊本城に入り、牛、鶏、酒、穀物、医薬品などを差し入れて城中を慰労した。別働第二旅団も山田以下少数が入城、黒田参軍も入城してまず病院の患者を慰問し、征討総督に熊本城連絡を報告した。
薩軍は御船の敗戦と永山の戦死を受けて包囲の継続は困難と判断し、すでに十三日に本営を二本木から木山《きやま》(現・上益城郡益城町)に移転している。

# 第五章　九州各地での転戦、そして終戦

## 木戸の死と山県の書簡

熊本城開通によって戦局は事実上決した。岩倉具視《ともみ》は有栖川宮総督に「熊本城連絡を通せられ、是《ここ》に至て全面之大勢既に決せり」(『熾仁《たるひと》親王日記』)と書き送っている。四月十八日、参軍の黒田清隆はもはや鎮定の日が近いとして征討総督と太政大臣に解職を申請する。本務である開拓長官として北海道の開発に復したいという希望であった。田原坂で政府軍の南下を防ぐ間に落城、という薩軍の戦略は、いずれも失敗に終わった。

木戸孝允《たかよし》も日記に、熊本開通に「大《おおい》に安心」と記しているが、同時に、薩軍が日向《ひゅうが》あたりに割拠して時間を費やすと「人民の疾苦《しっく》」が容易ならぬ事態になるとして、予防措置を取るよう大久保に求めている。結果はその通りになるのだが、この頃木戸の心身は病苦に襲われ

ており、その結果を耳にすることはなかった。木戸はかねて、「末期《まつご》の奉公」として自ら征討の任にあたりたいと熱望し、天皇が慰諭《いゆ》して止めるほどだったが、それは、鹿児島がひとり僥倖《ぎょうこう》を得ていることへの不満と、人民に及ぶ禍害《かがい》に対する懸念のためであった。

木戸の西郷への思いは複雑で、書簡のなかで、ともに薩長盟約を締結して倒幕を実現した往時を思い起こし、蹶起は「意外千万」「いかにも残念」などと表現しつつ、その反大久保的立場から「西郷悪《にく》むべしと雖《いえども》、亦憐《またあわれ》むべき者なきにしも非ず」とも書き付けている。

戦時下で書かれたと思われるメモには、次のような一節もあった。

「隆盛　汝《なんじ》国家の功臣《こうしん》を以《もっ》て大将の重寄《ちょうき》を負い…」（「木戸家文書」）

続く文章は記されていない。憤懣《ふんまん》と感慨を抱きながら、五月二十六日、木戸は死んだ。

西郷もまた、熊本城開通に強い衝撃を受けていた。野村忍助《おしすけ》の獄中証言によると、二本木の本営を引き上げる際、西郷は「この地を去れば、人気《じんき》も散乱せん。快く一戦して死を決すべし」と発言したという。桐野らに止められて結局木山《きやま》に退いたが、野村は取調官から、西郷が死を決したのは熊本城連絡のときかと問われて、「然《しか》り」と答えている（「西南之役懲役人質問」）。西郷は、すでに士気の回復も戦局の挽回《ばんかい》も困難なことを悟っていたのであろう。

その周囲には、死の影が漂いはじめる。

山県有朋《ありとも》はこの機会に戦争を終結させるべく、西郷に書簡を送った。原案（「山県家文書」）

が作成されたのは四月十七日、すなわち熊本入城の翌日である。福地源一郎が起筆したともいわれているが、「予が書を西郷に送った」(『公爵山県有朋伝』)と山県自身が述べており、その心境を伝えるものであるのは間違いない。

その原案で山県はまず、この蹶起は西郷の「素志《そし》」と異なるものではないかと疑っている。西郷が挙兵の名分に苦しまないはずはないのに、薩軍は「私怨《しえん》を一二の官吏に霽《はら》さん」とするに過ぎず、いかにも名分が不十分ではないか。山県が疑問としたのも、あれほど名分にこだわった西郷が、なぜこの蹶起に与《くみ》したのか、という一点であった。疑義があれば単身上京して直言すればよいではないか。結局、「時勢」や「人理の大道」を知らない壮士の憤怒《ふんぬ》を抑えきれず、「西郷の為にする也」と叫ぶとき、彼らを死地に赴かせるのは忍びないとして奉戴《ほうたい》されただけなのではないか、と山県は問いかける。

山県有朋

そこに西郷の悲劇をみた山県は、最後の決断を求める。それは、自決であった。

自決によって蹶起が意に反するものであったことを証《あか》し、これ以上の犠牲を食い止めてほしい、「君の心事を知る者も亦《また》独り朋のみならず、君をして早く死なば、或《あるい》は自ら公論の蓋棺《がいかん》の後に定まる所あらん」と山県は呼びかけている。

しかし、この書簡が出されるよりも前に、西郷は、再びあの厳重な警備の奥に鎮《しず》まったまま、矢部《やべ》（浜町《はままち》）から人吉へと撤退していく。四月二十二日のことであった。

十七日に書かれた草案は二十三日に書き改められて送付されているが、すでに長期戦の構えを見せたことを知ったためか、「私怨を一二の官吏に霽さん」の箇所を「罪を一二の官吏に問わん」に修正するなど、より理解と同情を寄せた文面になっていた。

書簡は届いたかどうか定かでなく、西郷が自決することも、最後の決戦に臨むこともなかった。終戦の機会は失われた。山県がもう一度この書簡を送る日が来るが、それは城山《しろやま》陥落の前日のことである。

## 孤立する薩軍

時間を熊本城開通に戻そう。

熊本城の包囲を解いた薩軍は、これから北に向かうのか、南に向かうのか、あるいはとどまるのか――。

四月十七日、野村忍助は別府九郎とともに木山の本営にいる桐野利秋を訪問した。彼らは、政府軍は海路鹿児島に向かってこれを押さえ、弾薬の製造や金穀・兵の募集を妨げた上で、人吉地方から挟撃してくる、それでは薩軍は大敗すると懸念を表明した。野村は、鹿児島に兵力を割いて防衛し、さらに大分・宮崎方面に進入して勢力を張れば戦局は有利に展開すると主張した。だが、これを桐野は拒絶する。桐野は、すでに桂久武を鹿児島に派遣してあり、守備は堅いので顧慮する必要はないとし、この地にとどまって一大決戦に賭けると断言した。

「分戦すべからず、此に決戦するに如《し》かず」（「野村忍助自叙伝写本」）

　こうして中央進出の道は閉ざされ、鹿児島攻防戦も後手を踏むことになる。

　薩軍は熊本城から東に一〇キロほど離れた木山を根拠地として、ここから熊本城を結ぶ線上に位置する保田窪《ほたくぼ》、長嶺《ながみね》、健軍《たけみや》、そして南の御船《みふね》、北東の大津《おおづ》に兵を配置して政府軍と対峙した。保田窪方面は中島健彦、長嶺方面は貴島清、健軍方面は河野主一郎、御船方面は坂元仲平、そして大津方面は野村忍助を、それぞれ司令官にあてた。元近衛少佐の貴島は私学校党とは不仲で、当初は戦線に加わっていなかったが、開戦後に桐野からの知らせを受けて鹿児島・日向地方などで募兵を行い、参戦している。

　桐野の期待する「決戦」のときは、意外に早く到来した。政府軍は御船、健軍地域を奪還するため、四月十七日から攻撃を仕かけていたが、薩軍の抵抗を受けて苦戦し、鎮台参謀長の樺山資紀《すけのり》も負傷する事態となっていた。兵力を増強させた政府軍が山田顕義《あきよし》指揮のもと猛攻を開始したのは四月二十日である。

　この戦いで、政府軍はまず御船を奪還する。別働第一、第二、第三旅団が側面と背面から猛攻を仕かけ、薩軍兵は谷間を渡り、田の畦《あぜ》を走り、御船川を渡って退却しようとしたが、狙撃隊が猛射したため、数十の遺体が川面を赤く染めたという。御船で負傷した熊本隊の宇野東風は、「時に敵の追撃益々甚《はげ》しく背後及び側面より之を狙撃すること、宛《あたか》も浮鷗を射るが如く。水中水浜敵弾を浴びて倒るゝ者多く、河水為に紅を漂す」(『丁丑感旧録《ていちゆうかんきゆうろく》』)と記している。

御船方面司令官の坂元仲平も戦死した。政府軍側の死者は二〇名程度に過ぎなかったのに対し、戦場には数百の薩軍兵の遺体が残されていたという。山田顕義は日記に、「殺賊無残」と記した。

健軍や保田窪などでは薩軍が善戦していたのだが、御船が落ちたことで形勢は一気に政府軍有利に傾き、本営も木山から南東へ二〇キロほど離れた矢部に退却することになった。翌日には健軍や大津方面の戦線も崩壊する。

二十日の戦闘がはじまったとき、大津の防衛を担当していた野村のもとに木山本営から伝令があり、決戦のときが来たので集合せよと命令が届いた。持論が排除されたばかりの野村は、決戦とは結構だが一体どんな方略に基づいているのかと訝《いぶか》り、桐野に面会して胸算を確かめたいと木山に向かった。だが、到着するとすでに御船の戦線が崩れていた。敗戦に絶望した桐野は、「余《よ》一歩も退かず必ず此地に死せん」(「野村忍介自叙伝写本」)と従容《しようよう》とした様子だったが、野村らが諫《いさ》めて矢部へ撤退した。

二十一日、本営は矢部郷内の浜町《はままち》（現・山都町《やまとちょう》役場付近）に置かれ、ここで西郷、桐野以下が集合して次の作戦計画が決められた。野村によると、西郷は「熊本に向い、快戦すべし」（「西南之役懲役人質問」）と主張したが、結局、本拠地を人吉に置き、機会をみて攻勢に転じることになった。

熊本県の東南端に位置する人吉は球磨川の上流にあり、周囲は険しい山に囲まれた盆地で、宮崎、熊本、鹿児島に通じているものの、いずれも急峻《きゅうしゅん》な山道である。薩軍はここに割拠して時機を待つという。兵員不足を受けて編成も変更された。村田新八と池上四郎は本営の軍議参与となって前線指揮官から外れ、各大隊も奇兵隊（大隊長・野村忍助）、振武《しんぶ》隊（大隊長・中島健彦）、行進隊（大隊長・相良五左衛門）、正義《せいぎ》隊（大隊長・河野主一郎）、干城《かんじょう》隊（大隊長・阿多《あた》壮五郎《そうごろう》）、雷撃《らいげき》隊（大隊長・辺見十郎太）、常山《じょうざん》隊（大隊長・平野正助）、鵬翼《ほうよく》隊（大隊長・淵辺《ふちべ》群平《ぐんぺい》）、破竹《はちく》隊（大隊長・別府晋介）と、呼称と指揮官が変更される。

## 人吉へ

四月二十二日、西郷は矢部を出発し、輿《こし》に乗って胡麻越《ごまごえ》を越え、人吉へ向かった。二十三日には桐野以下の各隊も胡麻越、那須《なす》越（霧立《きったち》越／現・宮崎県西臼杵郡五ヶ瀬町）の二つの峠

人吉方面の政府軍進路（5～6月）

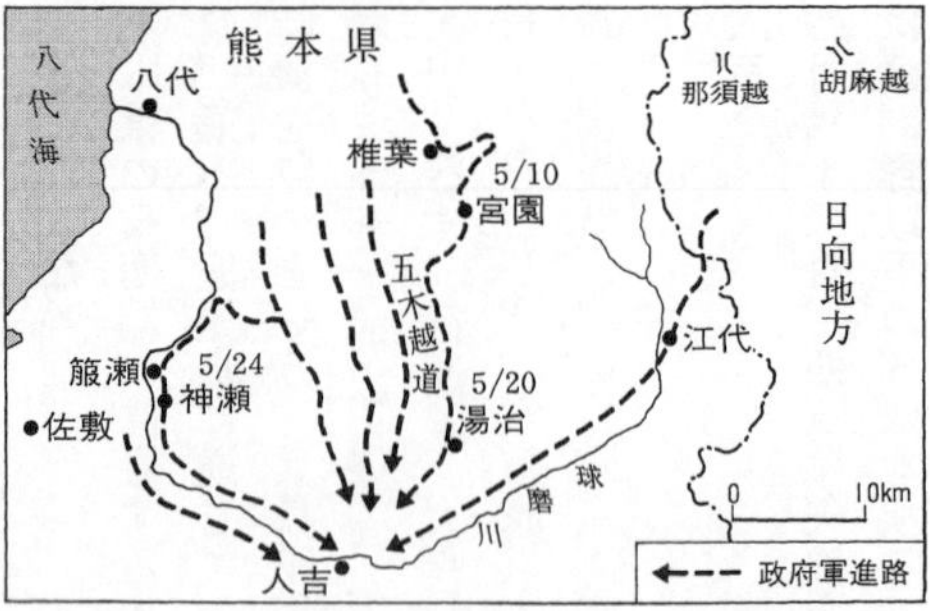


から人吉へと発つ。

道中は風雨がはげしく森林深く、行軍は仲間を見失うほどの困難だった。谷は深く、脚を踏み外して命を落とす荷馬もいた。家族を連れてきたものもあったようで、二十五日に峠に足を踏み入れた熊本隊の佐々友房は、「母は雨に泣き、児は風に叫ぶ。観る者凄然として涙下らざるはなし」（『戦袍日記』）と記している。

二十八日に人吉との中間地点にある江代《えしろ》で西郷の命を受けた桐野は、兵力を各地に分散させるべく配置した。かねて大分進出を主張していた野村の奇兵隊は大分方面へ、振武隊と行進隊は鹿児島へ、正義隊と干城隊は江代、雷撃隊は大口《おおくち》（現・鹿児島県大口市）、常山隊は神瀬《こうのせ》（現・球磨村）、鵬翼隊は佐敷《さしき》（現・芦北町《あしきたまち》）の防衛にあたることになる。

人吉では長期防衛戦略を取り、人口を調査して課税し、糧食を確保し、住民を徴用して弾薬製造にあて、二年間は守り抜く計画であった。四月二十八日頃、薩軍は人吉に集結し、西郷の本営は球磨川のほとりに建つ永国寺《ようこくじ》に置かれた。

西郷はここで軍略を議しつつ、犬をひいて兎狩に時を送ったようだが、佐々は「西郷翁、この地に在り（寺院に潜在す、人これを知るを得ず）」（『戦袍日記』）と記しており、あまり所在は知られていなかったようである。次のような密偵情報は、真偽のほどは定かでないものの、どこか不気味な雰囲気さえ伝えている。

「西郷の宿所は表札もなく、番兵もなし。暗々たる個所に居るとのこと」（五月十四日付報告、征討陸軍事務所「密事日記」）

「西郷は今人吉に在りて、宿所に本病人と下ヶ《さげ》札致居《ふだいたしお》り候由」（五月二十二日付報告、参軍本営「探偵書」）

警備は依然厳重で、降伏した四番大隊の給養係だった人物の口供によると、警備兵は約一〇〇名、すべて鹿児島城下士族の「頗《すこぶ》る精兵」だったという（第三旅団「探偵書」）。

## 人吉防衛戦と陥落

薩軍が人吉に向かう山路に難儀していた四月二十四日、山県は各旅団司令長官を召集して今後の作戦を決めた。連戦の疲労が激しく地形が険しいため、すぐに追撃はせず、慎重に情報を収集した上で攻撃するというものだが、薩軍に防御を固めさせると攻撃が困難になることから、五月六日に山県は人吉攻撃を決定する。

政府軍は、熊本方面からは宮園《みやぞの》、湯治《とうじ》（頭地）などを抜けて人吉へ南下しつつ、江代方面から西へ人吉を目指し、また佐敷方面からは球磨川に沿って東に向かい、人吉に迫った。薩軍は守備兵を各所に配置して防戦を試みたが、政府軍の進軍は順調で、「崇嶺《すうれい》を越え益々進で益々険」（『征西戦記稿』）といった難路を越えて進撃し、十日には宮園を奪取する。

政府軍の一隊は現在の国道四四五号線に沿って進軍したが、このあたりは現在でも車一台がやっと通れるような難路が多く、川辺《かわべ》川の急流が脇を深く削って流れている。政府軍は二十日には人吉から五木越《いつきごえ》道を北に一〇キロほどの位置にある湯治を奪い、いよいよ薩軍根拠地に迫った。

佐敷から人吉を目指した政府軍は、六日から戦闘を開始したが、神瀬・箙瀬《えびらせ》方面で険しい地形を生かして堡塁《ほるい》を築いた薩軍の抗戦に苦しみ、政府軍がこの方面の制圧に成功したのは二十四日である。戦線には北海道から動員されていた屯田兵も加わっていたが、その戦闘記録は前日夜の状況を、「球磨の諸山官賊両軍の対峙する所、暮夜の篝火《かがりび》数百点を輝し実に秋天の星の如し」（『戦闘記』）と記録している。

こうして北と西、東から人吉に迫った政府軍、別働第二旅団と第二旅団を統括する山田は二十六日、三十日をもって人吉に総攻撃をかけることを決定し、戦線を視察して、「人吉は実に薩軍の根拠にして、老練の巨魁《きょかい》等之を統率す。決して弱敵に非ざるなり」（『征西戦記稿』）と述べた。

五月二十七日から政府軍が行軍を開始して戦闘がはじまり、三十日に総攻撃を開始、次第に人吉市街に接近し、三十一日夜には屯田兵が「ロケット」を放ち、「火勢忽《たちま》ち焔騰《えんとう》して終夜白日の如し」（『戦闘記』）であったという。

六月一日払暁《ふつぎょう》、政府軍はついに市街に突入し、薩軍が城址《じょうし》から大砲を連発して雨のように弾丸が降り注ぐなか、激しい白兵戦が展開された。薩軍は橋を渡り、球磨川の南方に退却する。人吉は現在もJR肥薩《ひさつ》線人吉駅のある北側と、市役所や城址のある南側とが球磨川で隔てられているが、南側に退いた薩軍は橋を落として進撃を防いだ。市街には火が投じられ「市街村落の烟焔砲烟《えんえんほうえん》と共に空に漲《みなぎ》り、晴朗の天之が為に朦々《もうもう》たり」（同前）という状態のなかで、川を挟んだ激しい砲撃・銃撃戦が展開されたが、午後一時には政府軍の砲撃で薩軍の砲声も沈黙。全軍退却命令が出て、郊外の大畑《おこば》に退くこととなった。薩軍本営の置かれた永国寺も焼失した。

郷里が戦場となった人吉隊の丸目徹は、日記にこう記している。

「我兵人吉城上或は球磨川の渚《なぎさ》より大小砲を射て、川を隔て暫《しばら》くの間激しく戦い、双方死傷相当出る。然《しか》も我兵茲《ここ》に久しく防戦せば、人吉の住民大に困難するを謀《はか》り、四橋を焼て大畑に退く」（「明治十年戦争日記」）

二年保つ予定だった人吉は、わずか一ヵ月で陥落した。

## 投降の多発

永国寺に暮らしていた西郷は総攻撃前夜の五月二十九日、人吉を出て宮崎に向かっており、桐野も延岡《のべおか》を経て宮崎に赴いた。人吉退却時と思われる西郷の様子が、別働第一旅団の密偵によって探知されている。負傷した行進隊の北村為善から聞き取ったという六月八日付の報告によると、人吉の西郷は、もはや勝利はとても無理であるとして「我身の始末する」と述べ、「桐野村田志きりに止た」という（別働第一旅団「探偵書類」）。事実であれば、熊本城開通に続いて死を求めたことになるが、戦況はたしかに悪化の一途をたどっており、絶望を感じても不思議ではなかった。

『新編西南戦史』は、その敗因を兵站《へいたん》と士気の不足に見出し、投降者の続出に注目しているが、根拠地を失ったことでさらに「兵の粗相知る可し」（『征西戦記稿』）という状況になり、降伏や逃亡が増加していく。戦局が不利な上に挙兵の名分は明確でなく、食糧事情も逼迫《ひっぱく》していた。別働第二旅団が五月十五日に薩軍兵の弁当を確認したところ、「玄米小団飯《だんぱん》唯一箇」で、芋類中心の一日一食だと証言する投降兵もいた（別働第二旅団「日記」）。

歴史学者の佐々木克氏によると、投降は人吉戦の最中から出はじめるが、そのほとんどが強制的に徴募された郷士だったという。熊本退却後に陣営立て直しのため行われた募兵は、とりわけ強迫的な傾向が強くなっており、従軍しない者は「敵」「殺害」するといった言葉を投げかけられて従った例もあった。

鹿児島県下では薩軍の勝報のみが伝えられ、募兵に応じない者は臆病者やスパイ呼ばわりされ、近所付き合いも絶たれるといった状態で、募兵の妨害になりそうな人物が殺害されることもあったらしい。

政府側も、こうした薩軍の実態を捉えていた。漁師に変装して現地に潜入し、情報収集にあたっていたのちの検事総長三好退蔵《みよしたいぞう》は六月二十一日付の報告書で、私学校の生き残りは三〇〇〇名程度、あとは「皆脅従威服《きょうじゅういふく》のもの」であり、戦争に倦《う》んで心中では「降伏自首せん」と求めている者が多いと指摘している。

政府軍は、こうした「脅従威服のもの」をターゲットに降伏勧告を発した。「鳳翔《ほうしょう》」艦長の山崎景則少佐は四月九日に別府隊・辺見隊に勧告文を送ったが、すでに投降した者は別府・辺見の「詐術《さじゅつ》」に陥ったと後悔しているとし、帰順すれば「乱民の醜名《しゅうめい》」を逃れられると呼びかけている。別府隊はこれを拒否したらしく、十日に山崎は再び勧告して、強制募兵に屈した苦衷《くちゅう》に同情を寄せ、薩軍の挙兵には一片の口実もなく、私学校党のために死ぬのは意味がないと離間を図っている。

川村純義もやはり勧告文を送ったが、これに対して届けられた返書は、西郷暗殺を企てた大久保・川路らを「逆臣」と呼び、西郷の官爵を奪い「逆名」を与えたのは天皇の意にあらず、「奸臣《かんしん》」の策謀である、政府軍こそ「賊師」ではないかと反論していた。

それはたしかに別府や辺見のメンタリティーだったろうが、果たしてどこまで部下に浸透していたか、どうか。

別府隊に属して戦った津曲善十郎なる兵士が五月一日、一時帰宅して父親に話した内容を、軒下に潜入した密偵が聞き取って報告している（参軍本営「探偵書」）。

それによると、彼の隊では敗走を重ねて弾薬も欠乏しており、「隊中不残《のこらず》降伏之論」に傾いていたという。すると、英国から買い付けたといって弾薬が供与され、今後も英国から送ってくるので負傷兵も復帰するよう「西郷より申越した」と別府から通達があった。英国からは軍艦も四、五隻やってきたので、鹿児島湾の海軍は身動きが取れないという。これを聞いて津曲は降伏しないと決心した。

英国の件については、三月初旬に大山綱良《つなよし》県令が鹿児島病院の英国人医師ウイリアム・ウイリスに武器弾薬の購入と汽船の借用を依頼したといわれている。実際には英国が弾薬や汽船を提供した事実などないのだが、この話がうまく利用されたものと思われる。

この後も薩軍は長崎の外国商人から武器弾薬の購入を図り、ウイリスに黒砂糖の売却金を代価として武器購入を依頼するなど働きかけを続けたが、いずれも実らない。ともあれ、薩軍は「英国」に頼らねばならないほど、徴募兵の引き止めに苦慮していた。

## 投降兵の政府軍編入

政府側は右のような潜在的な降伏予備軍を引き出すべく、五月下旬以降、降伏勧告文を大量に印刷して各前線に掲示し、自戒して降参すれば罪を免じると呼びかけていく。勧告文には、「官軍に降参するものはころさず」という単純明快な木版摺《もくはんず》りもあった。

同時に、投降兵をどう扱うかも検討課題となる。

五月十五日、山田は、別府と辺見が募集して動員された破竹隊二番中隊が降伏し、政府軍への従軍を願い出た。山田は、彼らを自軍に編入したいと総督府に申請して許されているが、それは、投降兵を罰するのではなく、むしろかつての味方を攻撃させることで「実効」をもって「前罪」を償わせ、「任用」をもって「帰順の道を開く」(『西南記伝』)ためだと、山田は述べている。

人吉戦後に投降した人吉隊の丸目徹も、別働第二旅団から呼びだされ、「軍団の為勉励し、前罪を償いなば如何《いかん》」(「明治十年戦争日記」)と勧められた。あくまで強いるものではないとされたが、丸目はすぐに従軍を希望して第二旅団に編入されている。

衰えつつある士気を前に、人吉割拠を控えた薩軍は軍律を強化し、すでに次のように達していた。

一　戎器《じゅうき》を棄てゝ逃走する者

一　戦場に於て、兵士の分を誤る者

一　道路在陣共、人民に対し、狼藉《ろうぜき》する者

右相犯すに於ては、尽《ことごと》く割腹に処し候条、厚く可得其意《そのいうべく》候事（『西南記伝』）

五月四日に佐敷方面で薩軍部隊が守備を怠って不意を突かれ敗退したとき、その指揮官は失敗した押伍らを切腹させ、全軍の面目を一新すると述べたと、熊本隊の宇野は記している。敵前逃亡を許さないだけでなく、防御を怠った者に切腹を求めたのが事実であれば、薩軍の統率はかなり乱れていたといわなければならない。

薩軍内部にも対立が目立ちはじめており、人吉陥落後の六月七日には協同隊の一部三六名が、これまで激戦を重ねてきたにもかかわらず、「薩兵の之を見る恰《あたか》も秦人《しんひと》の越人《えつひと》に於けるが如く、恬《てん》として顧みざるものゝ如し」と不平を鳴らし、自らは豊後口に向かうと述べて除隊した（『薩南血涙史』）。

中津隊でも、江代から大分に向かうにあたって決定された馬見原《まみはら》攻撃案に反発する声があがり、三田井《みたい》から大分に入ると主張、意見が容れられなければ分離すると迫ったため、増田宋太郎はその説得に努めている。

熊本隊も矢部に退却した際、もはや勝利は期しがたく決戦を挑んで斃《たお》れたいとして、「薩軍の牛後《ぎゅうご》」について退路を取ることに反発の声が上がったが、池辺以下が「百方慰撫《いぶ》」して収めたという。こうした不満には、協同隊の発言にみるごとく、「薩」の優越意識への反発という側面があり、それが薩軍の連携を阻害することになった。

いずれにせよ人吉陥落後、薩軍本営は宮崎に置かれることとなり、以後、戦局はこの宮崎と薩軍の根源地、鹿児島をめぐる攻防へ、熊本と鹿児島の間に位置する佐敷・大口方面の戦闘へと移っていく。

## 佐敷・大口方面の戦闘

桐野から佐敷方面の防衛を命じられた鵬翼隊約六〇〇名は熊本隊約四〇〇名などとともに佐敷へ向かい、大口方面を任された雷撃隊は、破竹、正義、干城隊、熊本隊の一部をあわせた約一〇〇〇名で大口に向かった。

政府軍は四月二十八日、川路利良が別働第三旅団を率いて大口へ向かい、五月一日に佐敷、翌日には水俣《みなまた》に到着した。一部は阿久根《あくね》、出水にも向かう。大口方面の薩軍と接触したのは五月四日で、以後この地域で一進一退の攻防が続き、二十二日に第三旅団が佐敷と水俣を見下ろす要地にある鏡山《かがみやま》を奪取、佐敷方面から人吉に向かう途上の札松《ふだまつ》峠、掃部《かもん》越、国見《くにみ》山も押さえた。

人吉陥落後、第三旅団は六月十一日には出水《いずみ》（現・鹿児島県出水市）の麓《ふもと》を奪い、十八日から大口への進撃が開始されるが、政府軍は圧倒的な火力で迫り、熊本隊の佐々は「一斉乱射、殆《ほと》んど虚時なし……宛《あたか》も万雷の頭上より堕落するが如し」（『戦袍日記』）と表現している。佐々は十九日に右手と右腹に銃弾を受け、病院に搬送された。翌日、政府軍が大口市街までわずか四キロに位置する高熊《たかくま》山を奪取し、そのまま大口市街に突入する。南を流れる川内《せんだい》川を渡って逃れようとした薩軍兵は船を争い、「溺死《できし》するもの無数」で、途中で射殺される者も多かった。

政府軍は阿久根、宮之城《みやのじょう》方面にも進出し、これを奪ったが、薩軍は川内川の沿岸に砲列を整え、川を挟んでの砲撃戦が続いた。しかし、渡河した政府軍が薩軍堡塁を襲撃して奪取すると、薩軍は栗野《くりの》、横川《よこがわ》、本城《ほんじょう》方面に退却した。

六月十七日には、宮之城に駐屯していた伊藤祐徳率いる勇義隊の一部が突然降伏し、薩軍側に発砲する事件が発生している。勇義隊は中山盛高と貴島清が強制的に駆りだした部隊で、士気は低かった。貴島のもとから降伏した田口敬之助は六月十二日付の口供で、隊中に降伏を希望する者は多いが、「長官無理に進めしむ」ため仕方なく出動していたと述べている（第一旅団「探偵電信報告」）。伊藤の降伏後、政府軍兵が滞在していた宮之城の関盛充宅の襖《ふすま》に、「脅従《きょうじゅう》」して抵抗する愚を諭《さと》して薩軍兵に帰順を呼びかける落書きが残されていた。伊藤らに発せられたメッセージも、このようなものだったのだろう。

**佐敷・大口方面の緒戦**

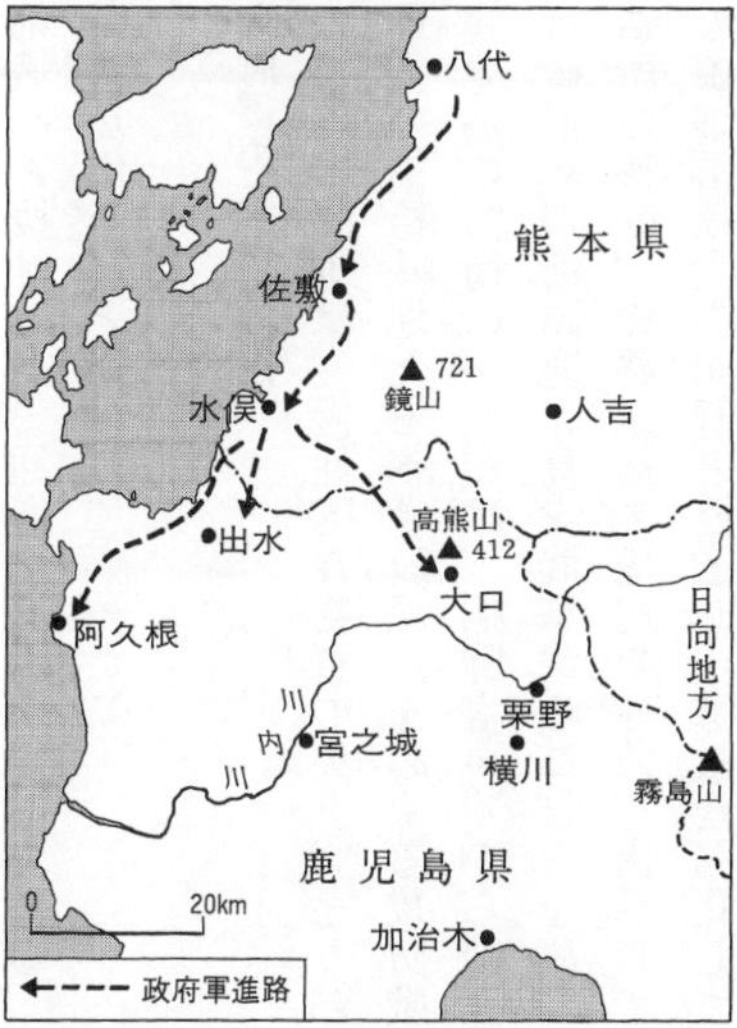


薩軍が退却した横川、栗野は、現在のえびの市と加治木《かじき》の中間地点に位置しており、東へ向かえば都城《みやこのじょう》、宮崎へ、南へ向かえば鹿児島へと街道がつながる、交通の要衝である。七月一日早朝、辺見はここに拠点を築き、政府軍襲来を迎えたが、この日のうちに横川を奪われ、三日には政府軍が加治木で鹿児島方面軍との連絡に成功した。

これを受けて、山県は次の作戦目標を小林《こばやし》に設定した。小林は、この方面から都城へと抜ける上で通過するポイントである。横川に敗れた薩軍は、政府軍の追撃を受けて、霧島山麓《きりしまさんろく》へと退却していった。

## 政府軍の鹿児島制圧

この頃の薩軍は、慢性的な物資の欠乏、とりわけ弾薬と兵員の不足に悩まされていた。その最大の補給基地たるべき鹿児島をめぐる攻防戦も、大口戦と並行して展開された。

鹿児島の防衛については、桐野も早くから懸念していた。勅使の柳原前光《さきみつ》が去って後、桐野は政府軍が海路鹿児島を襲撃することを予測し、淵辺群平に対して沿岸警備の強化と弾薬製造所の移転、弾薬製造・輸送の継続を指示している。淵辺はすでに別府、辺見、そして県庁の田畑常秋大書記官と協議し、募兵を強化して沿岸警備にあてることを決めていた。

大山県令は柳原勅使に随行を命じられて三月に鹿児島を去っていたため、県庁業務を取りまとめていた田畑は、薩軍への協力を求められる一方で、新県令として赴任する岩村通俊を迎える立場にあり、その狭間に立って苦しみ、四月十四日、責任を感じて切腹している。

県庁への薩軍の要求は続く。桂久武が中山盛高とともに陣中から帰ると、堡塁を海岸に築いて巡査をもって警備を強化すべきだと県庁に迫った。これは島津久光が反対し中止となっているが、薩軍にとって鹿児島の防衛は死活問題であった。

政府軍の動きは早かった。熊本城開通を受けて四月二十四日、川村が二十七日払暁を期して海軍をもって鹿児島に突入することを命じ、自ら高雄丸《たかお》に座乗して鹿児島に向かう。二十七日、川村は陸海軍兵、警視隊とともに上陸、県庁を通じて住民に諭達《ゆたつ》を発し、「暴徒」の襲来を防ぐため、陸海軍をもって人民の安寧《あんねい》を保護すると宣言、疑念を持つことなく通常の生活を続け、動揺しないよう達した。

この日、それまで募兵を通じて薩軍の後方支援にあたっていた警部・巡査が征討総督によって廃止され、戦時下で集められていた警部・巡査（若年層は兵員として前線へ送られ、高齢者は警邏《けいら》にあたっていた）も免職、警視局員が治安維持を担うことになった。警官の面々は「力を落し愁々《しゅうしゅう》として家に帰るものあり、或は怡悦《いえつ》して今こそ籠中《ろうちゅう》の鳥にあらず、軍の埋草《うめくさ》を免れ命を拾いたり……駆出して帰家するもあり」（「丁丑擾乱記」）という様子で、根こそぎ動員の悲哀を物語っていた。

第四課（警察）課長の右松祐永をはじめ県庁内で薩軍に協力した者は免官され、身柄を拘束された。熊本城開通による戦局の転換からわずか二週間あまり、海軍力の圧倒的格差によって、ここに薩軍は根源地をうしなうこととなる。

新県令の岩村通俊が鹿児島に到着したのは、五月二日である。岩村は五日、薩軍は賊軍であり、中原の口供も拷問によったもので信用できないと県民に告諭した。さらに、暴徒に脅迫されて随行したものや、悔悟して謝罪・自首するものは「寛典《かんてん》の御処置」を仰ぐので申し出るよう促し、賊軍でも負傷したものは官費で治療すると通達している。

## 薩軍の逆襲と敗退

だが鹿児島県内各地には、まだ政府軍に抵抗する在地の士族がおり、陥落前の人吉から派遣された部隊も迫りつつあった。川村は堡塁、胸壁《きょうへき》を設けて防衛体制を敷き、五月四日には曾我《そが》祐準《すけのり》少将が新設の第四旅団を率いて熊本から来着、これによって、別働第一旅団の一九個中隊と第四旅団の一一個中隊、そして警視隊二個大隊をもって鹿児島防衛にあたることとなった。

人吉退却に際して桐野は振武、行進の両隊を鹿児島に派遣したが、総指揮官は別府晋介で、振武隊の大隊長は中島健彦、行進隊の大隊長は相良五左衛門、ここに奇兵隊の一部が加わり、計四七個中隊の陣容であった。

この薩軍の鹿児島分遣隊が鹿児島に到着し、城山・岩崎谷《いわさきだに》方面に攻撃を仕かけたのは、五月五日未明のことである。磯邸の島津家日記は、「大小砲凡《およ》そ二時間余の砲撃なり、然《しか》るに薩兵の砲声は十分の一にして稀に響けり」と記しているが、援軍が次々に駆けつける政府軍を前に薩軍は苦戦し、防衛線を突破することができなかった。

政府軍は防衛のため市街に火を放ち、数千戸を焼いた。翌日、県は長崎県に米五〇〇〇石の手配方を要請しているが、それは「実に数千戸の焼亡、加之《しかのみならず》市中人民は悉《ことごとく》皆離散」という悲惨な状況からだった。岩村は五月七日、西郷隆盛に書簡を送り、鹿児島の「惨毒」を伝えた上で、もはや罪を謝し、これ以上の犠牲を出さないよう求めている。火は八日になっても消えなかった。

鹿児島ではこの後も薩軍の襲撃が繰り返され、城山や武村、甲突《こうつき》川周辺で戦闘が続く。その最中の五月二十六日、満珠《まんじゅ》艦で鹿児島に入港した別働第一旅団の一員に、津田三蔵がいた。三月二十日の背面軍上陸に参加した彼は、左手に貫通銃創を負って入院し、戦線に復帰したところだった。さっそく戦線に加わった津田は、五月二十九日付の兄貫一宛書簡で閑散とした鹿児島の様子を、「当市中並《ならびに》士族屋敷皆兵燹《へいせん》に罹《かか》り居たり、士族の者共《ども》に立除《たちのき》を被命《めいじられ》候故、商人等も共々桜島の所々に遁去《とんきょ》す」と記し、政府軍は兵力不足のため守戦に徹するほかないと書いている。

実際、大山巌《いわお》はこの月末に山県を訪問し、鹿児島の兵を突出させたいが兵力が足りないとして、友軍が鹿児島に接近すれば挟撃したいと提案した。これを受けて山県は挟撃を目指すこととなり、鹿児島の北約一五キロに位置する重富《しげとみ》に軍艦をもって兵を上陸させ、南下して鹿児島の薩軍を挟撃しようと作戦し、六月二十二日明け方、敵前上陸を敢行することになる。

鹿児島の戦線は膠着《こうちゃく》しており、夜には政府軍が花火を打ち上げ、これに対して薩軍が大砲を放ち、空は「恰《あたか》も万星一時に降流するが如きやと想像したり」と津田は六月十六日付の弟千代吉宛書簡に記している。

そんな日々も、六月二十二日の政府軍上陸をもって急転する。この日、上陸軍は「春日《かすが》」「龍驤《りゅうじょう》」の艦砲射撃の援護を受けながら薩軍を追い、午後には磯山に到着、友軍と連絡することに成功した。行進隊長相良五左衛門はその戦闘日記に、「海陸の砲声轟々《ごうごう》として山岳之《これ》が為崩れんとす」として、四方に敵を受けて苦戦し、撤退したと記している。翌日以降も政府軍が戦局を有利に展開し、加治木方面に退却した薩軍の追撃が行われ、二十九日には蒲生《かもう》を、三十日には加治木から薩軍を追った。

## 大分方面の戦闘

鹿児島方面の戦闘は、精神的・物質的根拠地の防衛という意味で、薩軍にとって死活的意味を持つものだったが、海軍力の欠如によって出足が遅れ、「防衛」というより「奪還」作戦となり、かつ、敗れた。

一方、薩軍においてこの時期もっとも積極的な意味を持っていたのが、野村忍助率いる奇兵隊が担った大分進出作戦であろう。西郷・桐野以下の主力が人吉の険に拠り、別府の分遣隊が鹿児島防衛に向かうなか、野村の奇兵隊二一個中隊約三〇〇〇名は、大分へと向かう途についていた。

奇兵隊が江代から大分方面に向かったのは、熊本城開通半月後の四月三十日のことである。小倉進出を狙う野村は本営に使者を送り、全力で大分方面に進出すべきだと建言したが、桐野は応じなかった。大分方面の戦闘は奇兵隊が単独で遂行することとなり、五月十二日に重《しげ》岡《おか》を、十三日に竹田を奪う。竹田では警察署や裁判所、役所を破壊し、「世、或は我が軍を目して賊と呼べども、決して然らず。我兵は固《もと》より君民の為に国家の蠹賊《とぞく》を掃《そう》蕩《とう》せんとする者なり」（『西南記伝』）と住民に訴えた。

薩軍出現の知らせを受けた大分県権令の香川真一は、「即今《そっこん》豊後地には寸兵も無之《これなく》甚《はなはだ》懸念に付、至急御出兵相成度」（『明治十年騒擾一件』）という悲痛な電報を送って派兵を要請した。香川はそれまで繰り返し派兵を要請していたが、大分までは波及しないとして容れられず、ほぼ無防備のまま薩軍を迎えていた。野村の狙いは的中したというべきだが、熊本鎮台から急遽二個大隊の援軍

**薩軍、大分方面進路**

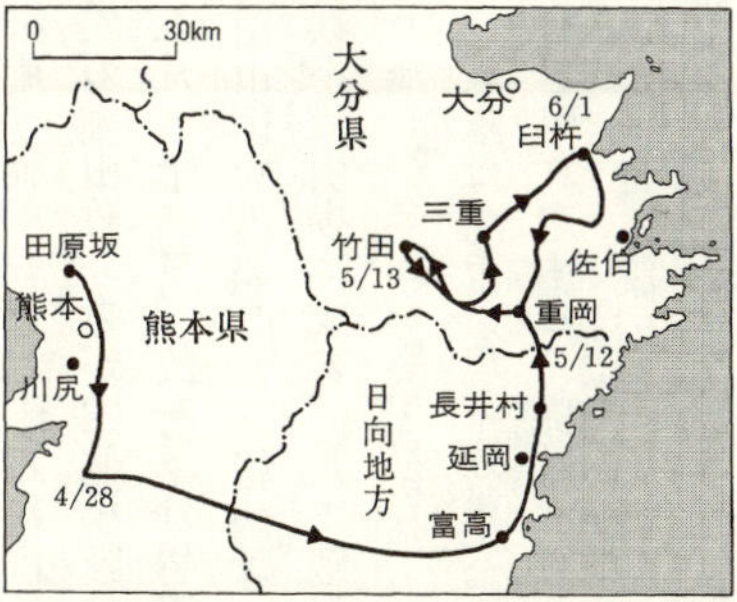


出所：佐藤盛雄・渡辺用馬『西南戦争豊後地方戦記』（青潮社、1997年）を基に筆者作製

が派遣され、五月二十日には竹田の東一〇キロに迫る恵良原《えらはる》周辺にいたった。この夜、竹田士族の堀田政一らが四個小隊からなる「報国隊」を組織して薩軍に参じている。

五月二十二日、政府軍は竹田に向かって進撃し、一週間にわたる攻防の結果、二十九日に竹田市街を占領した。報国隊士の日記には、「追々所々に放火、市中思い思いに立のき市中の兵不残《のこらず》引揚に成る。続て敵兵入込、放火す。依《よつ》て市中老若の輩どを失い、あわれなること限り無し」（『西南戦争豊後地方戦記』）と惨状が記されている。

奇兵隊は三重《みえ》（現・豊後大野市三重町）を経て六月一日には臼杵《うすき》を占領するが、十日には政府軍が奪還する。野村は何とか戦局を挽回すべく宮崎に赴き、西郷を迎えて大挙北上すべきだと桐野に説いた。このとき野村は、内治も外患も危うい今日、国を重んじ民を救い、「亜細亜《アジア》全力を以て志を宇内《うだい》に得」（「野村忍介他四名連署上申書」）るのが目的ではないかと、彼なりの戦争目的をもって熱弁したが、桐野は応じなかった。

政府軍は三重から南下して重岡、延岡へと向かい、三重と重岡との中間地点にある旗返峠《はたがえし》附近で薩軍の防衛隊と衝突するが、二十一日には重岡が陥落する。重岡から奇兵隊が拠点を置いた延岡まで、現在の日豊本線《にっぽう》に沿って南下してわずか三〇キロほどしかない。

延岡にいた野村は全軍を挙げて防御にあたりつつ、鹿児島の敗報が伝わると、鹿児島方面軍を収容して全力で大分方面にあたるべきだと考え、宮崎の桐野に面会して提案したが、拒否された。野村は、もはや西郷と相見《あいまみ》えることもないとして西郷に面会、西郷は奇兵隊の戦功を賞して酒などを振る舞ったという。

野村が前線に戻って以降も、重岡と延岡の間の山地を舞台に激しい戦闘が繰り返され、薩軍は柵や鹿柴《ろくさい》を植えて兵力の僅少《きんしょう》を補い、政府軍の進撃を食い止め続けた。八月六日に児玉源太郎は山県に対し、「豊後口の攻撃遅滞に渉《わた》り、恐悚《きょうしょう》の至《いたり》に絶えず」と恐縮した上で、地形の不利と薩軍の防御体制の強固さに難渋していると報じている（『西南記伝』）。山県はこれを受け、続々と援軍を送り込むこととなった。

### 三田井・都城陥落

延岡で野村が大分方面の指揮を執る一方、この作戦を支える役割を担っていたのが、同じく延岡から三田井《みたい》方面の作戦指導を行った池上四郎である。三田井（現・高千穂町）は、熊本から延岡へと向かう途上のちょうど中間地点にある要衝であった。

この方面の薩軍は総勢約一〇〇〇名で、五月十四日、鏡山にいた熊本鎮台兵を濃霧に乗じて襲撃して撃退し、その後も攻防が繰り返されたが、二十五日に強固な胸壁を築いて薩軍が守っていた葛原越が突破され、三田井は第一旅団が占領するところとなった。

第一旅団はこれに乗じて一気に延岡を攻める作戦を立て、延岡寄りの大人《おおひと》などに退いて堡塁を築いた薩軍と対峙した。六月二十五日にいたって政府軍は大軍をもって総攻撃を開始したが、険しい山岳地帯である上に泥濘《でいねい》が深く道も悪く、連日の砲撃にも薩軍は耐え、七月に入ると戦線は膠着、薩軍はこの月一杯、政府軍の進撃を食い止め続けた。その戦線が崩れたのは八月十一日で、政府軍は総攻撃を開始、ついに薩軍は支えきれずに延岡へと退却した。

この頃、薩軍本営は宮崎に置かれている。宮崎支庁を「軍務所」と改称して軍政を実施し、募兵や弾薬・銃器の製造にあたったほか、紙幣、いわゆる「西郷札《さいごうさつ》」を発行して資金調達を実施した。「十円札」から「十銭札」まで六種類、計九万三〇〇〇枚、一四万二五〇〇円が出された（『西南記伝』）。一八万円にのぼるという説もある。

深刻化する弾丸不足を補うため、寺院の梵鐘《ぼんしょう》から民家の鍋、釜にいたるまで収集しては溶かして弾丸製造にあてたが、質・量ともに需要を満たすことはできない状態だった。「梵鐘や鍋釜を溶かして作った弾丸は、「敵に達せず、一、二丁にして地に落つ。其苦知る可きなり」（『戦袍日記』）と佐々は記している。

宮崎を中心とした防衛体制において、北から迫る政府軍を食い止めていたのが野村や池上であり、西から迫る政府軍を食い止めるポイントとなったのが、小林と都城である。この方面の指揮にあたったのは村田新八で、兵数は一五〇〇程度、正義隊長から転任した破竹隊長の河野主一郎も指揮下にはいった。

宮崎方面の政府軍経路（7月）

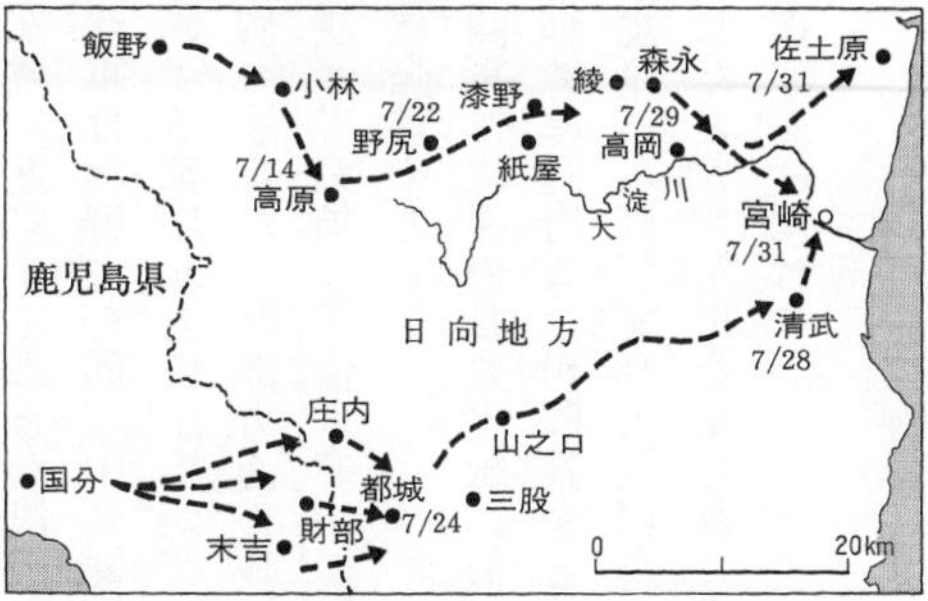


政府軍は六月一日の人吉占領後、別働第二旅団をもって小林・都城方面を攻めることとなり、小林と人吉の間に位置する飯野《いいの》（現・えびの飯野駅附近）方面に戦線を引き、小林方面の薩軍と対峙する。河野は六月十九日、飯野方面の政府軍を襲撃し、一ヵ月余りにわたって激しい攻防戦を展開した。七月十日、ついに薩軍の戦線が敗れて小林に撤退、さらに小林が防御上地の利を得ないと判断して町を焼き、高原《たかはる》・野《の》尻《じり》方面にまで退却した。高原は都城との、野尻は宮崎との間に位置しており、ここを抜かれると本営があぶない。

政府軍が高原攻撃を開始したのは、七月十四日である。薩軍は高原の古城山に堡塁を築いて応戦したが、政府軍の挟撃を受けて壊乱した。野尻方面も十八日の戦闘で薩軍が敗れて退却、二十二日にはこの方面全体を政府軍が手にすることとなる。

山県参軍が都城総攻撃を指揮すべく、八代から国分《こくぶ》の第三旅団本営に到着したのは、七月十六日。二十一日には、第三旅団、第四旅団、別働第一旅団、別働第三旅団が一斉に都城に進撃することが決定され、二十四日に進撃を開始した。

薩軍は河野主一郎、中島健彦、辺見十郎太らが守将として防衛にあたったが、まず河野の守備する都城北方の庄内《しょうない》が突破され、続いて中島、辺見の担当する末吉《すえよし》・財部《たからべ》方面が敗れて西側も崩れた。財部方面の戦線に復帰していた熊本隊の佐々は、「頭上より一斉下撃、飛丸雨注す、衆周章《しゅうしょう》恰《あたか》も嚢中《のうちゅう》の鼠《ねずみ》の如し」（『戦袍日記』）だったと記している。午前十一時、都城は陥落する。

薩軍は現在の日豊本線に沿って三股《みまた》、山之口《やまのくち》、清武《きよたけ》と東上して宮崎方面に退却した。二十七日には別府晋介が敗兵をとどめて防衛線を張ろうとしたところ、支えきれずに敗北、「若《も》し規律あらば、縦令《たとい》大敗に及ぶも豈《あ》に斯《ここ》に至らんや」（『薩南血涙史』）と慨嘆して退却しようとしたとき、左足を撃たれて歩行困難となった。別府は何とか宮崎に搬送されたが、政府軍の進撃速度ははやい。

### 宮崎陥落

都城陥落を受けて敗兵を収容した薩軍は、あらためて宮崎防衛体制を立て直すことになる。宮崎には西郷、桐野、村田、別府、そして島津啓次郎らがおり、その西方で防衛前面となる清武方面には辺見、中島、河野など都城から収容した隊があたり、北方の要衝延岡は、池上、野村、増田宋太郎らが防衛にあたった。

政府軍はたたみかけるように攻勢をかけた。七月二十六日、山県は攻撃部署を決定し、第二旅団、第三旅団、そして別働第二旅団が高原方面から宮崎へと向かうルートを取り、紙屋《かみや》、漆野《うるしの》、綾《あや》といった要所を占領、ここから宮崎方面と佐土原方面へと兵を向けることとなった。二十八日、さっそく政府軍は進撃を開始して紙屋《かみや》、漆野《うるしの》、綾《あや》方面一帯を占領、翌日には宮崎との中間地点にあたる森永《もりなが》、高岡《たかおか》も占拠した。

森永を奪った別働第二旅団は、薩軍が遺棄した先込銃用の弾丸数千発を鹵獲《ろかく》しているが、すでに錫《すず》や鉄を鋳潰《いつぶ》して弾丸を作っていることを知っていた旅団では、士気を高めるべくこの「愛蔵」の弾丸を各隊に分与した。

高岡方面から北東へ向かえば佐土原に、南東へ向かえば宮崎へ到達するが、佐土原では七月三十一日に市街を焼いて戦闘が終了した。宮崎方面でも二十八日には防衛前面の清武で第四旅団が薩軍に勝利し、翌日には宮崎市内を流れる大淀《おおよど》川の南岸に迫った。三十一日、第二旅団、第三旅団、第四旅団、別働第三旅団が宮崎市街を包囲して一斉に攻撃を開始、川を挟んで砲撃戦が展開されたが、第三旅団で水泳の得意な者を選抜して船を奪い、渡河した部隊が急襲に成功、午前十時に宮崎の軍務所は陥落する。

薩軍の弾薬の不足はおおうべくもなく、士気は落ち、もはや十分に抵抗する力を持たなかった。熊本隊の中島典五は記している。

「全軍弾鉛に乏しく、錫・銅を以て之を補う、錫・銅も亦《また》尽く、鍋・釜の鉄を溶し之を支うるに至る、又海岸の農民を募集し、木砲を造らしめ以て予め《あらかじ》備えをなす」(「彪皮一斑録《ひょうひいっぱんろく》」『西南戦争資料集』)

弾薬不足を補うため、日向一の宮の都農《つの》神社(現・児湯《こゆ》郡都農町)では屋根の銅瓦《どうがわら》が剝《は》ぎ取られた。

## 西郷隆盛という存在

西郷は、宮崎軍務所が落ちる前、七月二十九日に宮崎を発ち、三十一日には都農神社の近くに泊まっている。宮司の永友司はその様子を日記にこう書きとめている。

「西郷隆盛桝屋《ますや》一泊、是迄《これまで》止宿の者は皆脇宿《わきしゅく》に移し、かや毛の犬二疋《ひき》、駕《かご》は渋紙包《しぶがみつつみ》にて玄関より直《じか》に上の間床脇迄昇入《かきいれ》、両脇には兵士二十人程列座、通い口には屏風《びょうぶ》を立、一向《いっこう》人に姿を見せず」(「明治十年戦争日記」永友元夫氏蔵)

開戦直前にアーネスト・サトウが感じ取った監視下の西郷、熊本包囲戦下でも厳重な警備のもとに置かれ、人吉では味方に所在さえ把握されていなかった様子の西郷は、この段階にいたってもなお、犬を連れて戦場の奥に鎮まっている。西郷には複数の影武者が存在しており、現地では永山弥一郎の写真が、西郷のものとして残されていたという。

長崎県の密偵は七月十五日付の報告で、西郷の護衛状況を「精兵百五十名を以て護衛し、味方と雖《いえど》も容易に面会せず」と伝え、七連発銃をもって護衛に専念していると述べているが、

西郷隆盛の退路

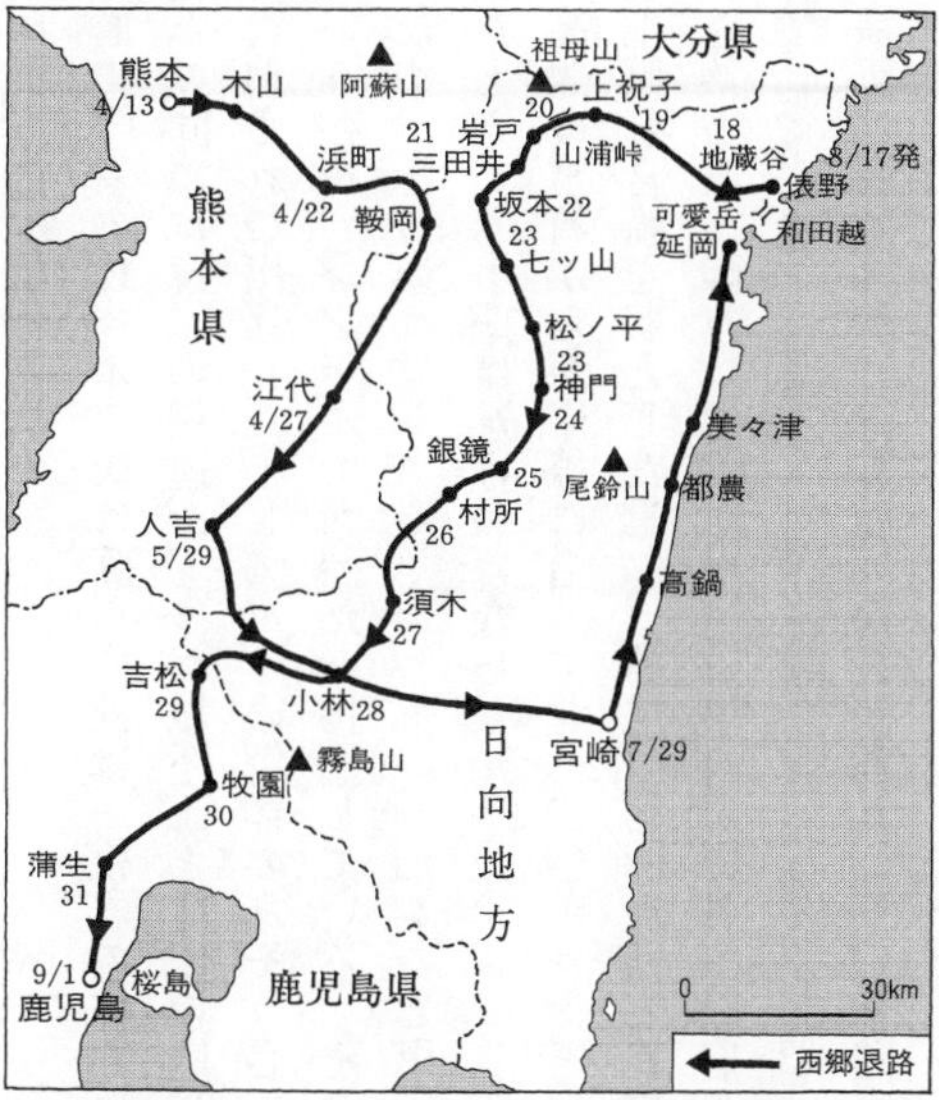


出所：香春建一『西郷臨末記』（尾鈴山書房、1970年）を基に筆者作製

この数字が正確だとすれば、総兵力が激減するなかでも警備体制は維持されていたことになる。

　挙兵当時から正当性の根源として厳重に守られていた西郷の重要性は、戦争の経過とともに高まっていった。西郷暗殺計画への怒りを基底として出発した薩軍には、西郷による政府打倒の可能性に期待して多様な思いを抱いた党薩諸隊が参じ、西郷のために死のうという将兵も少なくなかった。身辺は厳重に守

られねばならない。

歴史学者の佐々木克氏は薩軍内部は一枚岩の強固な集団ではなく、私学校本校と各郷私学校との間には意識の相違が、また城下士と郷士の間には差別が存在し、従軍した郷士の多くは脅迫されて出兵したとして、その解体のあやうさを抱えた薩軍を維持していたのは、西郷という存在、シンボルであったと指摘している。その重要性からも西郷の警護は軽くなることなく、その姿は見えにくくなっていったものと思われる。西郷の戦死や脱出、あるいは降伏などという事態は避けねばならなかった。

高鍋は宮崎から海岸線に沿って北へ三〇キロほどの場所にあり、延岡との中間地点にある。佐土原と宮崎を落とした第二、第三、第四旅団と別働第二旅団は八月二日に高鍋に迫ってこれを落とし、薩軍は退却した。この日、郊外で政府軍と激戦を展開していた熊本隊の佐々は、「賊よ賊よと四方合撃」されて敗走し、後ろから肩を撃たれて右手の自由を失った。

薩軍は延岡・美々津《みみつ》方面に何とか逃れたが、戦闘中に熊本隊を率いる池辺吉十郎が行方不明になっている。西郷はすでに北へ去っていた。

## 村田の絶望と美々津戦闘

薩軍が高鍋に退いたとき、村田新八はその従僕を呼んで後事を託している。

自ら「腐れたる縄」として私学校党を抑えてきたこの西洋通が、抑えきれずに蹶起を余儀なくされたのは、遺憾であったろう。ただ、開戦直前に池辺と佐々に語ったように、西郷首班内閣を構想していた村田は、この反逆に積極的意義を見出そうともしていた。

田原坂戦最中の三月十日、村田は西郷の従弟《いとこ》である大山巌が征討軍の一員として出張してきていると聞き、大山を批難する書簡を送っている。昨年帰県した際、君は玉石混淆《こんこう》する政府から独立して「正論」を貫いていくと意気揚々と議論したではないか、それが「俗吏」と交際して魂を忘れたのか、と。

戦いは終盤を迎えた。村田は従僕に対し、もはや敗戦は近く、我が余命もいくばくもない、このまま泉下の人となれば「姦臣」の専制は強化され、我が国は「洋夷《ようい》の版土（ママ）」に帰してしまうのは明らかだとして、家郷に残してきた幼い遺児を託し、志を継がせてほしいと語った。自分だけ生き残ることはできないと固辞する従僕を説得し、村田は酒盃をあげて訣別したという。

米国に留学した長男の岩熊はすでに植木で戦死しており、次男二蔵も大口方面で負傷していた。村田はのちの可愛岳《えのたけ》突破の際、二蔵を病院から呼んで手帳と金時計を与え、生命を全《まっと》うして遺志を継ぐように述べて別れたといわれる。

高鍋を発った西郷や桐野は延岡に移って根拠地としたが、追撃してくる政府軍を防ぐ要所としたのは、美々津川（耳川）である。現在でも河口付近で二〇〇〜三〇〇メートルほど幅のあるこの川の岸に堡塁を築き、防衛体制を固めた。

山県は八月三日、佐土原に到着して美々津攻撃の部署を定め、第二、第三、第四、新撰、別働第二旅団がこれに参加することとなった。翌日、さっそく各旅団は進撃を開始し、連日の大雨で美々津川が増水して渡河は困難をきわめたが、七日に一部の部隊が上流に迂回して船を奪い、対岸に渡ることに成功、薩軍を突破して富高新町《とみたかしんまち》に入り、薩軍の背後を突いた。

このとき指揮を執っていた桐野は、「我軍の敗衄《はいじくかく》此の如《ごと》し、我安《いずくん》ぞ死を以て之を拒《ふせ》がざるを得んや」（『西南記伝』）と叫んで最前線に立ち、一歩も引く気配をみせなかったため、周囲が馬に乗せて無理矢理退かせている。この日、奇兵隊は味方識別のため、「船」と問い「嵐」と答えるよう暗号を決めていたが、船も嵐も利用したのは政府軍だった。薩軍は敗れ、延岡へと退却していく。西郷はすでに延岡を出て、薩軍本営はさらに北の山中に分け入った熊田《くまた》に置かれており、西郷は八月六日付で回文を発して、「遂《つい》に兵気相衰え、終《つい》に窮迫余地なきに至り候儀は遺憾の至り……一歩たりとも進んで斃れ尽し、後世に恥辱を残さざるよう」（『西郷隆盛全集』）と求めていたが、戦局の挽回はならなかった。

野村忍助は、焦っていた。熊田にいた野村が桐野と面会すると、桐野は敗勢を挽回すべく夜襲をかけるよう命じたと述べたが、暴雨のために実施することができない。野村は西郷を擁して大分に出、「最後の決戦を試みん」とも考えたが、議論がまとまらないうちに延岡の守備が崩れることとなった。八月十四日のことである。

### 延岡陥落から和田越決戦へ

美々津では、渡河に成功した一部の部隊で薩軍を追ったものの、増水した川にさえぎられて補給が滞っており、政府軍内で危機感が強まっていた。それは「多数の投降人ありて、之が為めに糧食を要する」（『明治十年征討軍団記事』）ためでもあった。

八月九日、山県は第一、第二、第三、第四、別働第二、新撰の各旅団をもって延岡に総攻撃をかけることを決定した。期日は八月十四日。この日、薩軍は市街南方に位置する愛宕山《あたごやま》を中心に防衛体制を敷き、政府軍を迎え撃ったが、衆寡敵せず愛宕山は陥落、別働第二旅団が午前五時に延岡市街に突入した。

薩軍は川の多い延岡で橋を落として抵抗したが、野村は薩軍に協力的だった延岡市民を慮《おもんぱか》って市街戦を避け、退却した。事実、延岡には弾薬製造所や野戦病院などがあり、薩軍を支えること小さくなかったが、この措置によって野村は戦後も市民の間で恩人として語られたという。また延岡攻撃では薩軍の投降部隊が先鋒《せんぽう》に立って進み、その様子は「神の如しと云《いう》」と別働第一旅団に属していた黒木為楨《ためもと》は日記に記している。

退却した薩軍は、熊田から延岡方面に前進した位置にある和田越の峠に集結した。もはや弾薬も銃も食糧も足りているものはなかった。この頃の薩軍兵士の食事は粥一杯で、弁当も持っていなかったと伝えられている。このまま座して死を待つよりは、決戦を挑み、延岡を回復して大勢を挽回するほかはなかった。ここで、この戦争ではじめて西郷が前線に姿を見せることになる。

十四日夜、各指揮官が集合した席で西郷は宣言した。

「余、自ら先鋒を指揮し、輸贏《しゅえい》を一挙に決すべし」（『西南記伝』）

輸贏とは勝負のことである。これまで作戦指揮は桐野にゆだね、自らは後方に身を鎮めていた西郷、周囲もまた、自らの士気や正当性の根拠として温存してきた西郷が、前線に出るという。周囲は強く諫《いさ》めたが、西郷の決意は翻らなかった。

このときの兵数は全体で約三五〇〇名、最大兵力三万名以上だった薩軍は、一〇分の一になっていた。西郷以下、桐野、村田、別府、池上は本営司令官として、辺見、野村、増田、中島、貴島、河野などは各隊指揮官として参加し、生き残りを総動員した文字通り最後の決戦であった。

北川が東海《とうみ》港に注ぎ込む出口に位置する無鹿《むしか》山から、その北西に位置する長尾《ながお》山までの地域が主戦場となった。

**和田越、両軍対峙図**（8月15日）

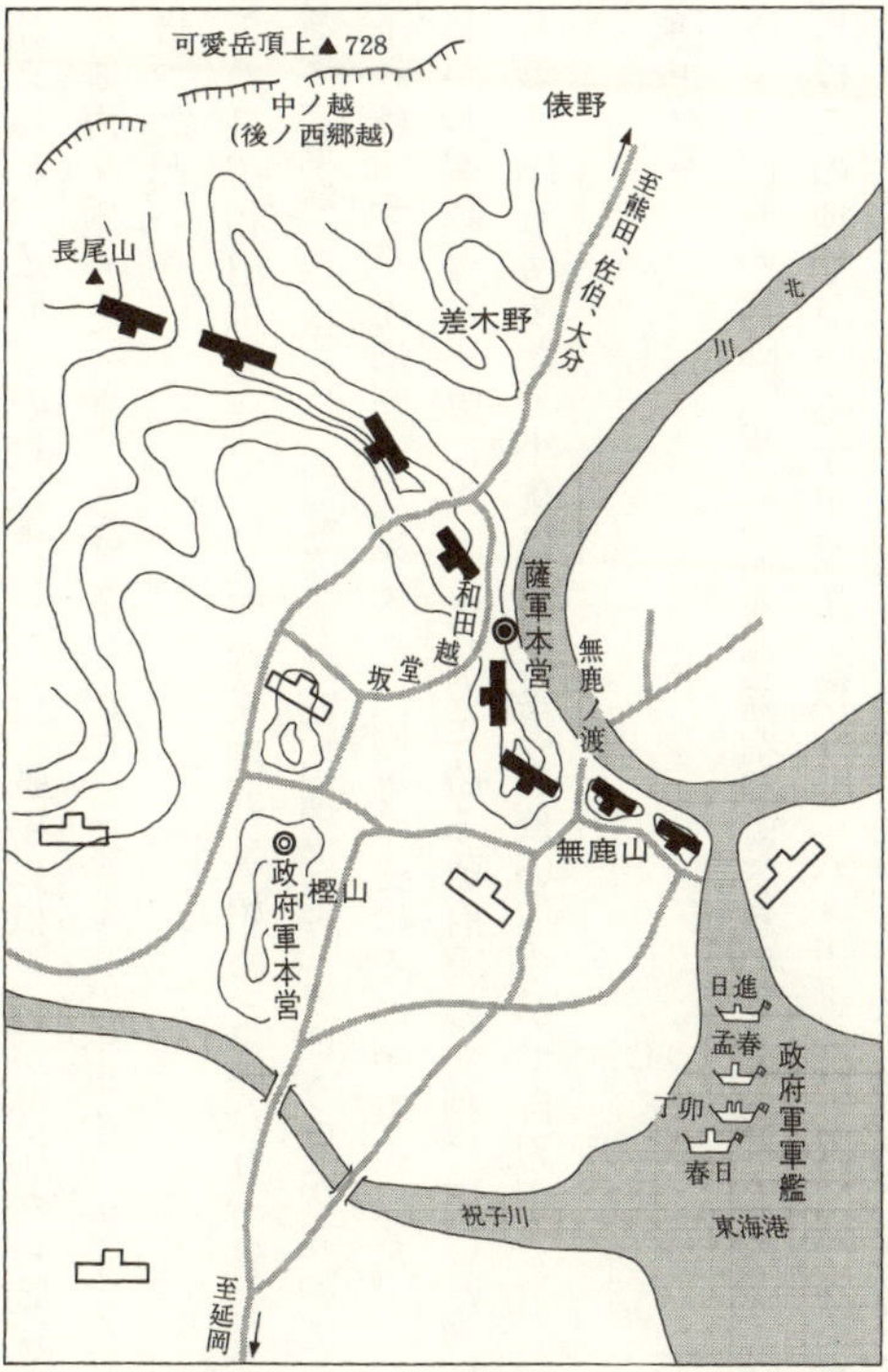


出所：河野弘善『党薩熊本隊』（尾鈴山書房、1973年）を基に筆者作製

政府軍は十五日、第四旅団と別働第二旅団が前面に出て攻撃にあたることが決められ、早くも午前七時頃、和田越の薩軍本営にいたる堂坂で戦端が開かれた。薩軍は猛射を浴びせながら迫り、湿田に足を取られた別働第二旅団は苦戦を強いられた。長尾山からも激しい銃撃

が加えられ、政府軍の足は止まった。戦場にほど近い樫山《かしやま》から戦況を眺めていた山県は、激しい銃声・砲声と一進一退する状況に、「夥《おびただし》き哉《かな》敵軍や。近来未だ見ざる所なり」（同前）と語ったという。

この日、和田越の峠では「西郷・桐野等始めて来たり、銃丸を冒して兵を指揮し」た（「彪皮一班録」）。現在「西郷隆盛陣頭指揮之地」という碑が立っている場所からわずかに峠を下れば、すぐ先に樫山が見える。両軍の将はその距離にいた。

しかし、戦況は次第に火力と兵力に勝る政府軍の有利に傾いた。この日の正午には、長尾山も無鹿山も落ちた。小倉処平は重傷を負い、やがて自刃する。

### 解軍宣言

薩軍は西郷の宿陣（現在の西郷隆盛宿陣跡資料館）周辺に充満し、政府軍に包囲された。政府軍はこの地を見下ろす可愛岳《えのたけ》（標高七二八メートル）も押さえて拠点とし、八月十八日払暁前をもって総攻撃を実施することが決せられた。もはや、殲滅戦《せんめつ》である。

薩軍は弾薬も食糧もなく、追い詰められていた。熊本隊の中島典五は、弾薬や米、粟はもとより、サツマイモさえも尽きようとしていたと記している。

可愛岳頂上付近の洞窟に遺棄されていた奇兵隊第三大隊第三中隊の陣中日誌には、最後のページに弾薬「百九十発」と記されている。延岡戦前には五四〇〇発が支給されていたが、これはほぼ撃ちつくされ、補給の道も途絶えていたのである。

薩軍に残された道は、降伏するか、全滅を覚悟して一戦を交えるか、重囲を突破して脱出するかの三つしかなかった。西郷が選択したのは三番目の突破策だったが、これが成功したとして、一体どこに向かうのか。

十六日の夕刻、西郷以下、桐野、池上、野村など生き残りの諸将が会して軍議がもたれると、かねて大分進出を訴え続けてきた野村がここでも大分に突出して中央への道を目指すべきだと提案、これが採用された。しかし、実際に前線を視察した桐野は包囲網があまりに固いことを見て取り、方向を転じることを提案する。翌日の軍議では大分進出案、鹿児島回帰案などが出されて議論紛糾したが、結局西郷は、まず包囲を突破して三田井に進出し、そこから方向を決すると決めた。

ここから先は逃避行というより、いかにして最後の結末を迎えるかという死出の旅になる。八月十二日から十七日にかけて、佐土原隊、高鍋隊、飫肥《おび》隊、熊本隊、協同隊、竜口隊などの諸隊が政府軍に降伏した。戦局が決した以上、これ以上の犠牲を出すよりは一時の恥をしのび、「素志」「素懐」を開陳して処分を受けよう、というのが共通した意志である。竜口隊長の中津大四郎もこうした所信を述べたあと、責任を取って自裁した。その墓は、西郷宿陣跡の裏山にある。熊本県から現地調査に派遣されていた松本俊一は八月十九日、投降兵の様子を「人面貌《めんぼう》極めて黧黒《りこく》、被服も亦《また》最疎なり」と報告し、食糧の欠乏によってすこぶる憔《しょう》悴《すい》の様子で、今月中に降伏しない者は自刃するか餓死するのではないか、と観察している。

追い詰められた状況のなかで、西郷は解軍宣言を出した。

「我軍の窮迫、此に至る。今日の策は、唯、一死を奮《ふるい》て決戦するあるのみ。此際、諸隊にして、降《くだ》らんと欲するものは降り、死せんと欲する者は死し、士の卒と為《な》り、卒の士と為る、唯欲する所に任せん」(『西南記伝』)

宿陣の裏で陸軍大将の軍服を焼き捨てた西郷は、愛犬も手放したといわれる(『東京日日新聞』九月五日付)。西郷は病院を管理していた中山盛高を招き、険阻《けんそ》な間道を怪我人は越えがたいとしてとどまることを求め、「病院に於《おい》ては万国公法もあることなれば、苛酷《かこく》の事は決して不可有《あるべからず》」(「中山盛高上申書」)と述べて、桐野の提案を受け、旗を掲げるよう指示した。

### 包囲からの脱出

八月十七日夜、すなわち政府軍総攻撃の前夜に、薩軍は沈黙を保ったまま脱出行軍を開始した。西郷の宿陣前の登山口から可愛岳の頂上を越えるべく出発した一行は、闇のなかで絶壁を登り、払暁直前に登頂に成功する。頂上には第一旅団と第二旅団の守備兵がいたが、突然の薩軍の襲来を受けて壊乱し、薩軍は重囲を突破した。

第十連隊が応援に駆けつけると、すでに薩軍の姿はなく、現場に残っていた近衛将校が「黎明《れいめい》、突然此処《ここ》に賊侵入、百方之《これ》を防ぐと雖《いえど》も、基点意外に出で遂《つい》に突貫せられ、負傷も亦許多《きょた》なり」（第二旅団「戦闘景況戦闘日誌」）と語っている。

脱出前に降伏した者、途中で道に迷った者、敵に捕縛される者、進退きわまって自刃する者などもあり、脱出しえたのは五〇〇名余りで、弾薬の欠乏も甚だしいが、勢いに乗った薩軍は第二旅団の本営を落とし、政府軍の戦線を攪乱し、西南の山麓を流れる祝子《ほうり》川に突出してこの方面の政府軍も破る。突破は成功した。

山県の失意は大きかった。八月三十一日に西郷従道《つぐみち》と鳥尾《とりお》小弥太《こやた》に宛てた書簡で、「有朋与《あずか》って罪有り」（『征西戦記稿』）と慙愧《ざんき》の念を記している。

薩軍は山中をまず北へ、続いて西へ向かい、三田井に到着したのは八月二十一日であった。三田井には第一旅団の運輸出張所があったが、突然の襲撃に守備兵は逃げ去り、薩軍は大量の糧食や武器弾薬、現金を入手している。

この夜、西郷の宿営で進軍の方向について議論が行われ、桐野は熊本城の虚を突くべきだと述べたが、西郷はしばらく沈思した上で鹿児島突入を決したという。戦前に薩軍の進路を踏査して逸話を収集した香春建一氏は、桐野の言を退けた西郷には、「胸底深くある決意が秘められてあったものであろう」（『大西郷突囲戦史』）と推察している。城山到着後の様子から推すと、桐野や辺見はなお再挙の機会を狙っていたようだが、難路を故郷へと進む西郷を支えていたのは、最期の場所と機会に対する渇望だったように思われる。薩軍は七ッ山《ななやま》、鬼神野《きじの》といった各地で戦闘を続けながら、山中を南下していった。

### 鹿児島奪還

八月二十八日、薩軍は霧島山麓の小林に到着し、さらに山を挟んだ横川《よこがわ》に向かった。政府軍は海路鹿児島に向かって迎撃体制を整え、二十九日、第二旅団は横川の南方、加治木に本営を設置、翌日から両軍は横川、加治木周辺で衝突する。

寡兵《かへい》の薩軍は善戦して鹿児島に接近し、九月一日に吉野で戦闘が開始されると、伊敷《いしき》方面から迂回した辺見十郎太率いる薩軍の一隊が鹿児島に突入した。この際第二旅団は輿《こし》を見つけ、西郷ではないかと察したが、「余兵なし。之を如何《いかん》ともする能《あた》わず」（第二旅団「西南戦闘記」）、見逃さざるを得なかった。

辺見隊は午前十一時に私学校を襲撃、駐屯していた新撰旅団の輜重《しちょう》隊を追い出してこれを奪取した。背後の城山にいた政府軍も敗れ、薩軍の占領下に置かれる。西郷、桐野以下生き残りも続々と到着し、この九月一日、鹿児島の中心は薩軍の手に落ちた。この地を発ってから、実に七ヵ月を経ての帰還であった。

薩軍は米倉《こめぐら》に退いた政府軍への砲撃を開始し、大いに苦しめた。しかし九月二日以降、政府軍は陸路と海路の各方面から到着した援軍と連絡して勢力を回復、四日から薩軍の抜刀攻撃が開始されたが、激しい接近戦の末、これを退けた。指揮官の振武隊長貴島清と中津隊長の増田宋太郎はこの前線で戦死している（増田は捕虜になって斬られたともいわれる）。

突然の薩軍の登場と市街戦の開始に、市民は混乱した。銃弾が乱れ飛ぶなか、船で逃れようとする人々が海岸に殺到するが、そこに薩軍兵が現れて混乱に陥り、射殺される者、海に飛び込む者もいたという。県庁の官員も船で脱出しようとしていたが、このときの海岸の状況を鹿児島県の日誌である『丁丑日誌』は、「水浜蟻垤《ぎてつ》を潰《つぶ》すが如く、蠢々《しゅんしゅん》蠕々《じゅじゅ》泅《しゅう》して船に上るあり、泳して島に達するあり、退潮に随て流るゝあり」と描写し、ようやくたどり着いた船上から眺めた街の様子を、「顧みて鹿児島を望めば、満街焔火《えんか》光り、水天に映ず」と記している。

岩村県令は県庁を去るにあたり、庁内に「遺書」を貼り付け、「汝等無辜《むこ》の人民を残害する勿《なか》れ、県庁を紛擾《ふんじょう》する勿《なか》れ、既に負傷者も亦《また》病院に在り、幸いに意を加えよ」（同前）と薩軍に託していたが、市内では政府軍や県庁の役人に対する暴力が加えられ、病院も略奪を受けた。

城山に本営を置いた薩軍は、周囲に堡塁を築いて防衛体制をとりつつ、各郷に檄文を飛ばして「有志の者は早く鹿児島へ駆付け、銘銘本営へ届出べし」と呼びかけ、巡査も見当たり次第に捕縛して本営に回すよう働きかけた。政府軍では、いったん帰順して帰郷した者が再挙するのではないかと恐れ、こうした者は厳罰に処すると布告していたが、案の定、薩軍は積極的に再挙を呼びかけ、山川《やまがわ》郷、今泉《いまいずみ》郷、隈ノ城《くまじよう》郷、永吉《ながよし》郷、上甑《かみこしき》島、中甑島などでは帰順兵が巡査の捕縛などに動きはじめた。再挙の前後に逮捕された者は戦後、懲役二年から五年の厳しい処分を受けており、その数二〇〇名以上にのぼっているが、いずれも厳重な警備・警戒態勢や周囲の説諭で沈静化した。

このとき、薩軍の勢力は四〇〇名を切っている。そのわずかな兵力を、岩崎本道を中心に私学校、県庁、照国《てるくに》神社、城山などに配置して堡塁を築き、岩崎谷に弾薬製造所を設けて、民家から金属製の壺《つぼ》や活字の類まで集めて弾丸を作った。政府軍の激しい砲撃を避けるべく、西郷は洞窟《どうくつ》に身を落ち着けた。桐野や村田、別府などの諸将もそれぞれ洞窟に暮らし、本営の評議は桐野の窟でひらかれることになる。

捕虜になっていた政府軍兵士の目撃談によると、桐野はなお抗戦の機会を狙っていたらしく、「僅々の募兵を待ち、遂に再衝の機を失せり」と批判するなど、洞窟のなかでは激論が繰り返されたという。「西郷は常に席に肱《こう》して言わず。時有りて大笑を発し、仰ぐのみ」と泰然とした様子だったが、辺見もあきらめきれないようで、「頗《すこぶ》る不平、時々西郷を睨《げい》す」という状態だった（『征西従軍日誌』）。九月一日の戦闘で薩軍に捕らわれ、十一日に城山から脱走した三等巡査梅村光三郎は、西郷の様子を「兵士五、六人守衛す。着服はかすりの単物《ひとえもの》にて、尻ははしょり」（「西南之役往復書」）と伝えている。

## 政府軍による包囲

政府軍の体制は、神経質なまでに強固である。短期決戦は目指さず包囲策をとり、第一旅団、第二旅団、第三旅団、第四旅団、別働第一旅団、新撰旅団、警視隊などを動員し、五重六重の竹柵で取り囲んだ上、穴を掘り、堡塁を築き、連日激しい砲撃を繰り返して圧力を加えた。ここに可愛岳《えのたけ》突破のトラウマが存在していたことは、九月九日の山県の各旅団宛戒諭が次のように述べていることからもわかる。

「賊の囲中に在る幾んど一週日、科《はか》るに糧食必ず乏しからん。再び可愛岳の挙動を為す、未だ知るべからず。今重囲已《すで》に完備すと雖《いえど》も、各旅団宜《よろし》く益々《ますます》警戒を各守線に加え、匆卒《そうそつ》の変に備うべし」（『征西戦記稿』）

政府軍による略奪もみられており、山県はあわせて田畑の蹂躙《じゅうりん》や略奪、暴行を禁じる旨も通達した。

山県の指揮は慎重をきわめ、各旅団との協議の結果、総攻撃の期日とされたのは九月二十四日であった。山県の諮問を受けた高島鞆之助《とものすけ》の意見（九月二十一日付）によれば、もっとも重要な局面は「私学校より照国社に至るの方面」、すなわち城山正面であり、「岩崎谷を以て真の攻撃点」となるはずだった。

二十三日午前一時から砲撃は中止され、大明神山で海軍軍楽隊が演奏して士気を盛り上げるなか、総攻撃の準備が整えられることになる。

香春建一氏の調査によると、城山攻めに参加していた第十三連隊の甲斐今朝松はこの夜、「こゝでまた可愛岳のような失敗をしてはならんから、しっかりやれ。後を見たり逃げたりするものがいたら、敵でも味方でも打ち殺せ」（『西郷臨末記』）と命令を受け、酒樽を渡されて皆で酌み飲み過ごしたと語っている。

### 西郷を生かせ

この総攻撃前日の九月二十三日は、薩軍側から政府軍へ、最後のメッセージが発せられた日でもあった。

西郷隆盛を自分たちと一緒に殺してよいものか、という意見は、薩軍内に少なからぬ提唱者を有していた。そこには西郷個人への敬愛の念とともに、自らの蹶起の正当性の根拠が

「賊」として葬られることへの慙愧の念も横たわっていたかと思われる。

西郷を生かさねばならない、と最初に声をあげたのは、讃良清蔵なる人物であった。城山占拠後まもなく、讃良は野村や中島、辺見らに対し、西郷を死なせるのは忍びないとして政府軍に西郷の助命を願い出たいと提案して支持を取り付けたが、提出された意見書をみた西郷は、「開戦以来、今日に至るまで、若干人《じゃっかん》を犠牲に供したる乎《か》、余之を聞かん」（『西南記伝』）と述べ、桐野も強く反対したため、沙汰やみとなった。

この後も西郷助命論はやまず、猛将として鳴らしてきた辺見十郎太もまた、何とか先生を救う方法はないかと河野主一郎に相談を持ちかけている。河野もこれに同意して、自分が嘆願の任にあたると述べた。村田をはじめ衆議はこれを支持し、桐野は反対したが（桐野は西郷の意見を聞けと言ったとも、また河野は桐野に告げなかったともいわれる）、河野は西郷自身の説得にあたることになる。

ただ、西郷ひとりの助命を訴えれば退けられると知っていた河野は、論理を工夫した。今回の蹶起が「至理至当」であることはいうまでもないが、このまま我々が死ねば名分が滅し、天子にも国民にも背いた賊名をこうむるだけだ。自分は官軍に使いして反復弁難し、「其曲直の在る所」を明らかにしたい、と。西郷は「其方が見込の通りに尽すべし」（同前）と答えたという。

使節は自ら名乗り出た山野田一輔と河野の二人となり、両者は政府軍の陣中に赴いて、二十三日、参軍川村純義と面会した。河野はここで、この蹶起の目的を語っている。大久保と川路が刺客を放って「西郷大将を暗殺せんことを図る」、ゆえに政府に尋問しようとして熊本にいたると、さえぎられたため兵端を開いたのであり、戦争は「吾人《ごじん》の志に非ず。亦已《またや》むを得ざればなり」。この段にいたって、なお「暗殺計画の解明」をもってしか戦争目的を語れないことに、この反逆の悲劇があった。川村は当然のごとく反論する。暗殺疑惑を明らかにしたいなら大久保や川路を「告訴糾問《きゆうもん》」すればよく、兵をもって罪を問うのは道を誤ったものであり、西郷とて兵馬を募って凶器を弄《ろう》するのは「国憲を犯すものにあらずして何ぞや」(同前)。

川村の回想によると、「唯一人の西郷隆盛を助けて貰いたい」という河野らに対し、それは天皇の大権であり、まずは軍門に下って大命を待つよう諭し、明朝の攻撃を予告した上で、午後五時までに返事をするよう伝えたという。

河野はそのままとどまり、同行していた山野田一輔が復命すると、西郷は一言、「回答の要なし」(同前)と述べたという。ここに西郷の助命の道は断たれた。

西郷は二十二日に各隊に発した檄文で、河野と山野田は薩軍の「決死」の意志と「義挙の趣意」を伝えて「大義名分」を貫徹し、法廷で斃《たお》れるであろう、一同は安堵して「城を枕にして決戦」し後世に恥辱を残さないようにと覚悟を促していた。

一方、山県も各旅団司令長官に宛てて、河野と山野田からの請願について知らせている。「主旨は、最初、彼徒が暴挙せし時の口実と異ならず。固《もと》より先鋒《せんぽう》に於て、採用すべき事にあらざるを以て、断然これを拒絶」（『西南戦史』）した、と。

挙兵目的をめぐる認識の相違は、最後まで埋まることはなかった。西郷は、すでに覚悟を決めていたであろう。

山県は、熊本城開通後に書いた西郷宛の書簡を、あらためて山野田に託した。自決のすすめである。参謀本部編の『明治十年征討軍団記事』は、西郷はこれを一読して感嘆し、懐中にして死に赴いたと伝えているが、山県の声は届かなかった。戦争の義を信じて死んだ同志に寄せる愛情と義務感は、自決してその「義挙」の正当性を否定することも、敗残生存の道をひらくことも、許さなかったであろう。黙して共に死に、共に賊の名に甘んじること、それがこの時点で西郷にできる唯一の弔《とむら》いであったかと思える。

二十三日夜、西郷は諸将を介して訣別の宴を催し、飲み、かつ謡い、にぎやかに最後の夜を過ごした。

## 終焉

明治十（一八七七）年九月二十四日午前四時、予定通り政府軍の城山総攻撃がはじまると、西郷、桐野、村田、別府ら四〇名余りが洞窟前に集合し、攻防の焦点となった岩崎谷に向かった。曾我祐準少将率いる第四旅団がこの方面を担当している。文字通り、最後の行軍であった。

弾丸が雨のように降り注ぐなか、かつて福沢諭吉と大久保利通を弁護した小倉壮九郎がまず自刃して果て、兵站を取り仕切ってきた桂久武が被弾して斃《たお》れた。そろそろこのあたりでよいのではないか、とすすめる辺見に対し、まだまだと前進した西郷が股と腹部に銃弾を受けたのは、島津応吉邸の門前だったとされている。

傍《かたわ》らの別府晋介を顧みた西郷は、「シンドン、シンドン、もうここでよかろう」と語って膝を折り、手を合わせて東天に衷情《ちゆうじよう》をあらわした。別府は「ごめんなったもんし」（『西南記伝』）と語りかけ、首を落とした。

別府はそのまま弾雨のなかに飛び込んで戦死した。桐野は自ら銃と剣を取って岩崎谷の堡塁で奮戦し、額に銃弾を受けながらも白刃《はくじん》を振るい続けたが、力尽きた。村田も、辺見も、池上も、この堡塁で死んだ。政府軍は午前七時、凱歌《がいか》となる祝砲を放った。

第四旅団の「日記」は、この日の戦闘の模様を次のように記録している。

「此日午前第四時より城山攻撃、同八時岩崎谷に於て当旅団に打取る者は西郷隆盛（当時死体のみ、後同所士族折田在輔屋敷に首級を獲る）、桐野利秋、村田新八、桂久武、池上四郎、別府晋介、逸見（ママ）十郎太、高城十次、山野田一輔、岩光平八郎、蒲生彦四郎、石塚長左ェ門外、姓名不知者七十三名、生捕阪田（ママ）諸潔外、四十五名あり」

政府軍の鹿児島城山攻撃図（9月）

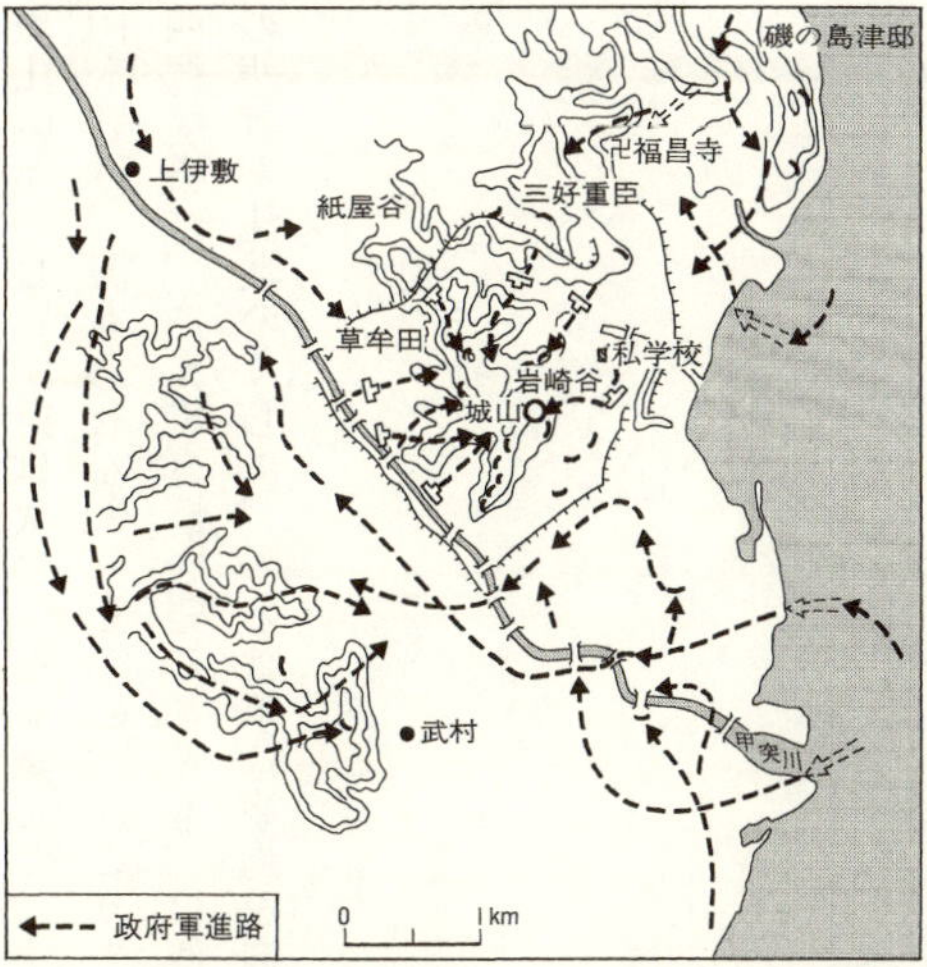


出所：旧参謀本部編／桑田忠親・山岡荘八監修『維新・西南戦争（日本の戦史・第八）』（徳間書店、1966年）を基に筆者作製

西郷の首級が発見されたのは折田宅の門前とも、大山某宅の石垣の内とも、島津邸の門前などともいわれているが、いずれにせよ、政府軍によって回収されたそれは総帥たる山県の検視を受けることになった。このとき山県は、征討完遂の喜びを抱きつつ、「一代に傑出したる英雄が、此《かく》の如き運命に遭遇したかと思い、覚えず泫然《げんぜん》として涙下り、実に哀情が耐えられなかった」（『公爵山県有朋伝』）と回想している。

城山陥落の日、山県は次の一首を詠んだ。

「山もさけ、海もあせんとみし空の、なごりやいつら、秋の夜の月」(同前)

西郷隆盛は、あえて真情を語ることも、自他の命を救うこともないまま、賊として死んだ。その悲劇と沈黙のうちに、この戦争は終焉を迎えたのである。

# 第六章　西南戦争下の次なる抵抗

## 戦後処分

戦争は終わり、生き残った薩軍の面々はその「罪」を問われることとなった。

彼らの裁判は、長崎に設けられた九州臨時裁判所で行われた。『日本政治裁判史録』（明治・前）によると、首謀者・参謀クラスは斬罪で二二名、大隊長級が懲役一〇年で三一名、中隊長級が懲役五年で一二六名、小隊長級が懲役三年で三八〇名、半隊長級が懲役二年で一〇八三名、分隊長級が懲役一年で六一四名、このほか懲役七年の判決を受けたものが一一名、一〇〇日以下の懲役や除族《じょぞく》の処分を受けた者もいたが、四四九名が無罪となり、一般兵士など四万三四九名は免罪になっている。

斬罪に処せられたうちの一人が、鹿児島県令だった大山綱良《つなよし》である。

大山は勅使柳原前光《さきみつ》に随行を命じられて「視察団」とともに三月十三日に鹿児島を離れていたが、すでに県庁を薩軍の兵站《へいたん》本部として機能させていた彼は、この結末を予測し、覚悟していたようである。旧知の市来《いちき》四郎が鹿児島を去ろうとする大山に対し、随行すれば困難に直面するとして、薩軍に加わって出陣すべきだと諫《いさ》めたところ、大山は沈黙したままであったという。市来がさらに忠告すると、大山は「予、既に決する所あり。我果たして辱《はずかしめ》を受くるに至らん。尤《もっと》も辞せざるなり。我誤れり。今更奈何《いかん》ともすること能《あた》わず」と答え、上京の前夜には別れの杯を交わしながら、「此回の登京は、永別ならん。願くは、是迄《これまで》の事を永く記して、心事を後に残して玉《たま》わんことを」と語ったと市来は日記に記している（『西南記伝』）。

果たして、神戸に上陸した大山は官位を剝奪《はくだつ》され、東京に護送された。司法当局は当初、東京に臨時裁判所を開設し、ここで大山や中原尚雄《なおお》などの審理が開始されたが、四月に入って太政官が征討総督府に裁判権を委任したため長崎に九州臨時裁判所が設置され、身柄を移送された大山や中原、そして薩軍将兵の審理もここで実施されることになる。

総督府の行政権による裁判で、政府が定めた特別な刑律によって判決が下された。戦争参加者すべてを裁判の対象とし、罪状に従って首謀者以下の罪を問うものの、自首した者や脅迫によって従軍した者は情状を酌量するといった基準だったようである。

明治十（一八七七）年八月十日、大山は「朝憲《ちようけん》を紊乱《びんらん》せんことを企《くわだ》て、兵器を弄《ろう》して衆を聚《あつ》め以《もつ》て官兵に抵抗する従にして、首と同じく画策を主《つかさ》どる者」として「除族の上　斬」との判決を下された（『西南の役薩軍口供書』）。「除族」とは士族の身分を除いて平民にするという処分で、薩軍に加わって懲役刑を受けた士族はこれも適用されるのが通例だった。

薩軍の主な人物としては、福島隊長の坂田諸潔が大山と同様の罪で除族・斬、奇兵隊長の野村忍助と正義隊長の河野主一郎が「兵器を弄して衆を聚《あつ》め以て官兵に抵抗」（同前）したとして除族と懲役一〇年の判決を受けた。野村は城山で降伏、河野は西郷の助命嘆願のため川村純義《すみよし》を訪問したまま拘束されていた。最後の士族反乱を経て、野村や河野は平民となり、戦後の活動を再開していくことになる。

## 大久保の戦後——殖産興業への道と西郷隆盛の影

薩軍の生き残りが収監され、あるいは免罪となって帰宅するなか、最大の抵抗勢力を鎮圧したことで権力基盤の安定度を増大させた政府は、殖産興業の道を歩みはじめていた。戦後、大久保利通は伊藤博文と大隈重信に対し、次のように語っている。

「維新以来の事蹟を見るに、成功せし事あれども、又、失敗に帰したる事業も少なからず、特に為《な》さんと欲して実行し能《あた》わざりしこと多し……今や天下の形勢全く一変せり、之より、鋭意して諸般の改良施設に従事せんと欲す、想うに、今後十年を期して、内治を整え民産を起さざるを得ず、希《ねがわ》くは卿等同心協力あらんことを望む」(『大久保利通伝』)

おりしも、征討軍が東京に凱旋《がいせん》したとき、上野公園では殖産興業の象徴ともいうべき第一回内国勧業博覧会(明治十年八月二十一日〜十一月三十日)が開催されていた。地方制度の整備も進められ、伊藤を議長とする地方官会議がいわゆる三新法(明治十一年七月に公布された郡区町村編制法・府県会規則・地方税規則)を議して統一的な地方制度が整えられる。大久保は戦時下から岩村県令と密接に連絡を取り合ってその統治に関心を寄せ、木戸が「独立国」と呼んだ鹿児島県は、一地方行政区となって大久保のもとに再編された。士族授産や殖産興業もテコ入れをすべく建言し、開墾事業も推進しようとしていた。

明治十一(一八七八)年五月十四日の朝、福島県権令の山吉盛典と面会した大久保は、これからの一〇年間は明治元年から十年までの「創業」の時代を経た「内治を整え民産を殖する」時代であり、「利通不肖と雖《いえど》も、十分に内務の職を尽さん事を決心せり」と決意を披瀝《ひれき》し、開拓事業や交通路の開発などを推進したいと語っている。内治発展の時代がはじまるはずであった(「済世遺言」『甲東逸話』)。

こうした国家建設への意欲は、外国の視線も少しずつ変化させていったようである。政府軍と薩軍の戦闘中、『ニューヨーク・タイムズ』(五月十九日付)は反乱勃発を懸念し、商業面で日本との関係が接近している今日、「できれば平和が早急にやってくることを願いたい」と伝えていたが、九月十日付同紙の東京特派員の執筆記事では、内乱鎮圧は近いと予測しつつ、国内では鉄道の敷設によって交通が便利になっていること、汽船の発達により日本が海洋国家として台頭してきたことなどを伝え、「展示会にはおもしろい品物、すばらしい品物がたくさん並びそうだ」と博覧会に期待を寄せていた。九月二十八日付の同紙は、日本人は外国製の農耕具や機械の模造品を製作するのに長《た》けており、「農耕具は皆完璧《かんぺき》」で、特許法がないため「どうしようもない状態」だと伝えている。欧米の視線は、自らに接近しはじめた産業の動向に向けられつつあった。

殖産興業に向けられた積極性の背後に、大久保は西郷隆盛の影を引きずっている。挙兵の知らせを受けたとき大久保は、自分と西郷との交情は一朝一夕《いっちょういっせき》のものでなく、賊名を負って世間に誤解されるのは残念だとして、その遺徳を後世に伝えたいと考えたといわれる。城山陥落後には鹿児島出身の歴史学者重野安繹《しげのやすつぐ》を招き、「自分は西郷の伝を書こうと思うが文章の才が無いから、お前が西郷の伝を書いて呉れ」（『甲東逸話』）と伝記の執筆を依頼した。暗殺計画の黒幕とみなされたことについては戦後、自分はいまだかつて「暗殺凶険の害意」を生じたことはなく、「神明の照鑑《しょうかん》に対し、毫も翳影《えいえい》なき所なり」と語ったという（『鴻爪痕《こうそうこん》』）。

もっとも、不平士族の間で大久保の評判は悪く、「暗殺凶険の害意」は彼自身に向けられることになった。明治十一年五月十四日、山吉と面会した直後、馬車で出勤しようとした大久保は紀尾井町《きおいちょう》で襲撃され、木戸から一年、西郷に八ヵ月遅れて、この世を去る。実行犯が懐中にしていた趣意書は、有司専制や政治の私物化、国財の浪費や外交政策に憤り、これを進める「奸吏《かんり》」の巨魁《きょかい》として大久保を倒すと述べていた。主犯格の石川県士族島田一郎は口供書において、西郷に呼応しようとしたが果たせなかったため、大久保暗殺を謀《はか》ったと供述している。暗殺されたとき、大久保は維新当時の西郷の書簡を懐中にしており、それが血で真っ赤になっていたと、高島鞆之助《とものすけ》は語っている。

大久保はある夜、断崖の上で西郷と格闘し、抱き合ったまま崖《がけ》下に墜落して頭蓋《ずがい》を割る夢をみたと、前島密《ひそか》に話した。遺骸《いがい》に接した前島は、「実に其夢にして、又醒《さ》めんことを」願ったという（『鴻爪痕』）。西郷の影に飲み込まれるようにして、大久保の命は潰《つい》えた。

### それぞれの戦後

大久保遭難の報を聞いた樺山資紀は、日記に「嘆ずべし、惜しむべし」（「熊本籠城日記」『父、樺山資紀』）と慙愧《ざんき》の念を書き付けた。

薩軍が寝返りを期待したこの熊本鎮台参謀長も、骨肉争う戦争に苦衷《くちゅう》を覚えたにちがいない。だが、抗戦の姿勢に迷いはなく、城山陥落当日には、「戦闘四時に起り七時に了《おわ》る、意外神速落城愉快なり」（同前）と日記に記していた。その樺山が大久保の死を慨嘆《がいたん》したのは、彼が戦後、大久保から鹿児島復興を託されていたためであろう。郷里鹿児島の戦後の動向を心配していた大久保は樺山を呼び出し、鹿児島士族が職を失い路頭に迷っていると嘆いて、「何とか方法を考えて教育と授産《じゅさん》のことをやって貰いたい」（『父、樺山資紀』）と依頼したという。樺山は鹿児島救済理事長の職に就いて授産に力を尽くしているところだった。

かつての師弟、親友、兄弟、親類が、敵味方となって争ったところに、この戦争のひとつの悲劇がある。大久保も樺山もその渦中に置かれたし、大久保の死後、樺山の庇護《ひご》者となった西郷従道《つぐみち》や大山巌《いわお》も、その苦渋を味わった。

西郷従道

大久保遭難の報を聞いて駆けつけ、遺体に寄り添って利通邸に送り届けたのは、西郷従道である。

この西郷隆盛の実弟は戦争中、陸軍卿代理、陸軍事務取扱として政府軍の兵站や情報収集を取り仕切った。妻の清子が孫の従宏氏に語ったところによると、戦争がはじまったとき、従道は沈痛な様子で「私学校の奴等《やつら》がいくさをはじめたよ。兄さんの本心ではないので残念だ」（『元帥西郷従道伝』）と話したという。

兄との別離と対決は悲痛だったが、この反逆はあくまで兄の意志にあらず、という信念が従道を支えていたようである。

四月十六日、英国公使パークスと面会した従道は、別府晋介と淵辺群平、辺見十郎太の三人が「反乱の本当の首謀者」であり、彼らが暗殺計画の噂をひろめ、隆盛はこの三人にだまされたのだと語った。パークスが隆盛らを亡命させるのはどうかと話すと、「仮にそのような機会が与えられたとしても、吉之助はそれを利用しないだろうと思う」と従道は答え、「死刑執行人」の手にかかるのではなく別の方法で死を選ぶだろう、自分もそれを望んでいると述べている（『遠い崖十三』）。

結果はその通りとなった。隆盛死去の報を受けたとき、従道は「今日は鹿児島の城山が落ちた。兄も最期を遂げた」（『甲東逸話』）といって泣いたと清子は述懐している。隆盛には吉次郎、従道、小兵衛の三人の弟がいたが、吉次郎は戊辰戦争で戦死、小兵衛も高瀬の戦闘で世を去った。ひとりになった従道は官職を退く決意をしたが、大久保の慰留を受けて思いとどまり、かつて兄が務めた近衛都督《このえとと く》となり、参議、陸軍卿に就き、やがて元老のひとりに数えられるようになる。隆盛の末路への嘆きは引きずり続け、「日常私等が忘れている頃にふと南洲様を追慕しておられるなと気付くことが屢々《しばしば》ありました」（『元帥西郷従道伝』）と清子は語っている。

こうした心情は、隆盛兄弟の従弟にあたる大山巌も共有していたようである。別働第一旅団、別働第三旅団などを率いて戦線に立ち、城山攻撃時には攻城砲隊司令長官だった大山は、九月二十六日、西郷家に見舞金を送って隆盛の冥福《めいふく》を祈ったという。一年後の九月二十四日、大山は日記に「去年の今日は鹿児島城落城の日にて、途中独り思て不堪情《じょうたえざる》、幾度か馬上に涙を押えて過ぐ」(『元帥公爵大山巌』)と記している。

山県、従道、そして大山を中心とする陸軍は、西南戦争を経て物心両面から体制の強化を図ることとなり、明治十一(一八七八)年には「軍人訓戒《くんかい》」を発布、忠実・勇敢・服従の精神を掲げ、民権論など政治的な発言を禁じつつ、秩序の保持や警察との協調を求めた。同年には独立した軍令機関として参謀本部が設置され、山県が本部長に就任している。

大久保の没後、政府内では伊藤、大隈、井上馨を中心とした集団指導体制が構築され、従道が参議兼文部卿として、川村が参議兼海軍卿として入閣した。伊藤は大久保暗殺の翌月、松方正義《まさよし》らに宛てた書簡で、大久保の死を「真に夢の如く、殆ど当惑、不知所為《なすところをしらず》」と記しつつ、「威望の大臣」を失って「国家の禍乱」を発生させてはならないとして、自ら内務卿を引き継ぎ、従道、川村も入閣して「同心戮力《りくりょく》、犬馬の労を致《いたし》候《そうろう》積《つもり》」だと決意を披瀝している(『伊藤博文伝』)。

大久保の描いた次の一〇年は、彼ら第二世代の指導者によって担われることになった。

## 敗北

戦勝によって政府の権力基盤が強化される一方、反政府勢力は戦略の変更を迫られていた。彼らにあって最大の威望を担った西郷隆盛と、最大の勢力を誇った鹿児島士族をもってしても政府を打倒できなかったという事実は、武力反乱そのものの現実性を著しく低下させた。もはや西郷に代わるカリスマも、私学校党に匹敵する勢力も存在しなかった。伊藤博文は先の書簡で、士族の動向が不穏な地域もあるが、恐れるほどのことはないと自信を示している。

板垣退助も戦後、「従来の武力ではイカヌ。薩隅日《さつぐうにち》三州の兵を以て西郷が起っても天下を風靡《ふうび》するに至らずして敗れた」(『杉田鶉山《かくざん》翁』)という考えを示し、戦略を見直す必要性を語った。

この機会を逃してはもうチャンスはない、として西郷に託された数々の理想の実現もまた、蹉跌《さてつ》した。残された不平士族の面々は、何をもって、何を目指して戦っていくのか。彼らに要請されたのは、「武力」に代わる手段を確保すること、そして目指すべき「理想」を再構築することであり、ここに、言論による自由の実現や立憲政体の樹立といった方向性が設定されることになる。それは新たに創出されたものというより、力の反逆とともに開始されていた民権運動の潮流を飛躍させるものであった。薩軍と民衆との距離は遠く、民衆からの支持を十分に得られなかったけれども、反政府という点において、民権派は民衆の支持を得ていくことになる。私学校党の残党にとっても、民権運動は次なる抵抗の道となった。

その「道」の構築は、すでに戦時下から開始されていた。民権運動の高揚に、思想家として、政治家として大きな影響を与えることになる福沢諭吉と板垣退助の思想と行動から、そのプロセスをたどっていこう。

## 福沢諭吉の西郷論と自治論――ニューイングランドと鹿児島士族

西南戦争が終結し、賊となった西郷への批判が高まるなか、福沢諭吉は筆をとって「明治十年丁丑《ていちゅう》公論」を記した。

ここで福沢は、西郷の「抵抗の精神」を讃えている。政府の専制を防ぐには抵抗するほかなく、その精神は「文明の虚説に欺《あざむ》かれて」衰微しつつある。福沢は西郷の抵抗にこの精神を見出し、弁護した。個人の自立をもって信条とした福沢もまた、西郷に理想を託していたのだろう。

福沢の西郷評価は高く、武士の特権を重んじる保守的人物という批判に対して、西郷が重んじるのは士族の「気風」のみであり、むしろ「真実に文明の精神を慕う者」だと反論した。その反逆についても、政府転覆を一切認めないとするなら、いまの政府高官も幕府を転覆した「国賊」ではないかと痛論する。

ただ、西郷が暗殺疑惑の解明なるものを挙兵の名分としたことには疑問を呈し、武器を取ったことにも不満を表明した。西郷はあくまで学問の思想を抱き、地方行政に力を入れ、腕力を用いず議論を興し、産業を興し、「民撰議院」と「立憲政体」をつくって日本全国の面目を一新すべきだった。その意味で「西郷の罪は不学に在り」というのが福沢の慙愧の念である。

西南戦争直前に書いた『分権論』で福沢は、地方分権の必要性について論じているが、それは、不平士族を地方自治に参与させて不満を発散させ、「自治の精神」を養成することを狙いとしていた。念頭にあったのは、当時彼が読んでいたトクヴィル『アメリカのデモクラシー』に記された地方自治の重要性と、公共精神と自治が定着したニューイングランドの政治社会である。

福沢はそのモデルとして薩摩の士族社会を想定しており、薩摩士族が相互に連帯し、約束を定め、これにそむく者を許さないといった気風を挙げて、「藩政の大綱は専制なれども、藩士相互の細目は自由自治の風あり」(「覚書」)と評価していた。

福沢はたしかに西郷の抵抗を弁護したけれども、その精神は薩摩士族の長所を発揮した「自治」においてこそ発揮されるべきだった。「丁丑公論」では、政府がいたずらに武力を用いず、言論を自由にし、地方民会に士族を誘導していれば反乱を防げた、とも批判している。戦時下に起草した太政大臣宛の建白書において福沢は、一時休戦して陪審制による公開裁判を開き、鹿児島側の陳述を聞いて挙兵理由をつぶさに検証すべきだと主張している。それは自由な言論に対する信頼を示すものであった。

戦後の鹿児島に福沢が期待したのも、この言論と自治である。戦争終結後、慶應義塾に学んでいた市来《いちき》七之助《しちのすけ》が福沢に「旧鹿児島藩士、今後の方向如何《いかん》に付き」相談を持ちかけたところ、福沢はこれに答えて「薩摩の友人某に与るの書」を記した。

ここで福沢は、薩摩士族の性格や風俗、その気風に「自由の精神」「仲間申合わせの一体」を見出し、これを生かした民会の設立を期待している。民会で「地方に属する道路、橋梁《きょうりょう》、学校、寺院、衛生の方法、市在の取締等の事を相談して、其土地公共の事務を土地の風俗に従て処置する」ことを通して自治精神を養成し、その上ではじめて国会が設立される、というのが福沢の構想だった。市来はやがて『鹿児島新聞』を創刊（明治十四〈一八八一〉年二月）し、県内の民権論を盛り上げていくが、福沢もその記者を推薦するなど協力した。

言論と自治、その方向性に目を向けたとき、福沢の視界に高く評価されるべき人物がいた。

板垣退助である。

## 板垣退助――もう一人の巨頭と薩軍蹶起

明治十一（一八七八）年二月八日、福沢は板垣に書簡を送り、上京を促している。福沢はここで、高知県下で言論活動が盛んになっていることを板垣の尽力の結果と讃え、地方の件は緒につき人望も得たので、「宜《よろ》しく速《すみやか》に都会に来て、又都会の旧面目を増すべき事、今日の急と奉存候《ぞんじたてまつり》」（『福沢諭吉書簡集』）と呼びかけた。そろそろ都会での活動、国会開設運動の段階がきたと、福沢は感じていたようである。

板垣と立志社はこの頃、高知県下で盛んに演説会を開き、新聞を発行し、民会を起こし、愛国社の再興を期して全国各地で遊説を続けていた。政府側では、政変で西郷とともに下野し、土佐士族を引き連れて帰郷したこのもうひとりの巨頭の動静を警戒していたが、すでに板垣の視線は国会開設と立憲政体の樹立に向けられており、手段は剣ではなくペンであった。反政府運動の名分は、この自由民権の思想と運動によって提出されることになるが、ここにいたる道のりは平坦ではなかった。土佐も、薩軍の蹶起に揺れていたのである。

私学校党の挙兵が確実な情勢となった明治十（一八七七）年二月初旬、板垣は東京にいた。立志社としての対応を協議すべく板垣邸で開かれた会合に参加したのは後藤象二郎《しょうじろう》、大江《おおえ》卓《たく》、竹内綱《たけうちつな》、岡本健三郎、林有造などで、席上、板垣は鹿児島の暴動は必至であり、西郷は必ずこれを率い、政府の転覆は近いと述べたうえで、いまや「吾輩《わがはい》の宿志、民権更化開進の時参れり」(『保古飛呂比《ほごひろい》　佐佐木高行日記』)と語っている。こうした時機に民権を拡張することは外国の歴史にもあることであり、西郷が兵をもって政府を突くなら、自分は民権論をもって突く、兵力は後回しにして、まずは建言をもって突くのだと、板垣は語った。

一同はこれに賛同して、鹿児島からの情報を待つこととなるが、挙兵計画の中心となる林有造はさっそく銃器と弾薬の募集に動き始める。後藤象二郎は政府内工作を企画しており、この機会に木戸と連携して「長・土連合」を形成して大久保を追い落とそうと考えていた。

それぞれの思惑を抱いたまま、薩軍閲兵式当日の二月十四日に板垣らは東京を離れ、高知に向かった。このとき、板垣は「民権論党」を結合するため帰郷するが、「時機の変遷に応じ、臨機に進退」(同前)すると述べており、建白に限らない臨機応変の行動の余地を示唆している。林は銃器を入手すれば挙兵するとして、岡本健三郎らに銃器の入手と、その資金源となる白髪山《しらがやま》の買い上げを実現するよう依頼していた。白髪山は立志社が士族授産のため払い下げられていた高知県長岡郡の山で、政府に買い上げを申請しているところであった。

## 高知立志社挙兵計画

帰路、京都に着いた板垣や後藤らは、まず政府内工作によって大久保排除を試みるべく木戸らに接触を開始するが、林は反対した。これまで政府とは議論が合わず、建議も行われず、方向を異にしてきたのに、いまさら何を協議するというのか。「政府を顚覆《てんぷく》し前途の目的を改めん」とする以外にないではないか、と林はいう。

その林もまた、宮崎八郎と同様の難題に直面していた。彼らの宿願たる民撰議院の設立に、果たして西郷は賛同するのだろうか。林が出した答えは宮崎と同様のものである。「西郷氏とは論を異にするも、共に政府を転覆し、事に依らば又鹿児島と戦わん」(『林有造自暦談』)。いまは名分を云々するときではない、専制政府の打倒という共通目標に向かって西郷と走り出すチャンスではないかと林はあせっていた。

この焦燥感は、同じく挙兵計画の中心となった大江卓も共有している。いまの政府の圧制を防ぐには「民撰議院」を起こして人権を拡張するほかないが、政府はこれを好まないため、「議論上位」ではとても実現できない、「是非政府へ抗抵して刃に血ぬるに至らざれば、事成るべからず」(「大江卓口供」「公文録」)と大江は考えていた。

すでに立志社において抵抗権思想が公式見解的地位を得ていたことについては、第一章でみた。まず言論をもって政府の圧制に抵抗し、それが弾圧されれば武力行使は正当化される

――その二段階論と言論の限界によって、林や大江は武力に走り出した。西郷の蹶起というチャンスは、またとない政府転覆の機会にちがいない。板垣も二段階論を前提としつつ、まだ言論の力を信じようとしていた。

征討令が早期に発動されたため、林は高知で征討軍の募兵を行い、その兵を板垣が中心となって大阪鎮台に差し向けることを企画し、板垣に説いた。林の回想によると、板垣はこれを「許諾」し、自分は「時機」をうかがってことを挙げる見込みであり、「県下の士気」と「兵器の見込」が整えば大阪城に突撃すると発言したという。このとき、彼はしきりに名分にこだわったが、林は名分を求めて機会を逃してはならないと反論し、結局後藤も同席した上で挙兵に決した。

言論を重視しつつも臨機応変の対応を旨としていた板垣は、政府転覆の機会を前に、「時機」「士気」「兵器」が整えば武力へと飛躍する決意をしたものと思われる。名分よりも機会が優先された判断であった。同時期の熊本隊や協同隊と似ていた。

二月下旬に板垣や林が帰郷すると、立志社としての組織的対応が議せられることになる。林はさっそく片岡の説得に乗り出すが、ちょうど九州の戦況視察に赴いていた土居《どい》忠信《ただのぶ》が政府軍不利の情報を伝えたこともあり、挙兵論は勢いを得た。

三月一日、ついに立志社として挙兵に「社議一決」した（『林有造自暦談』）。作戦計画では、銃器を整えた上で軍を二手にわけ、一方は高知から徳島、紀州を経て南から大阪を突き、一方は高知から愛媛、岡山と西から大阪を攻めることになっていた。板垣は席上、銃一挺に三〇〇発の弾薬が整えば、「三軍に将となり、指揮すべし」(『保古飛呂比 佐々木高行日記』)と発言したという。会合に出席していた広瀬《ひろせ》為興《ためおき》も、板垣は「薩軍馬関《ばかん》(筆者注・下関《しものせき》)に押し渡らば」(『明治十年西南ノ戦役土佐挙兵計画ノ真相』)、ともに蹶起して天下を経営すべきだと語ったと記している。

板垣は、やはり慎重であった。右の発言も、弾薬が整い戦局が有利に働くことを挙兵の前提としており、自ら蹶起して局面を打開しようというつもりはなかった。要人暗殺計画を立てていた岩神昂《いわがみのぼる》が三月十七日に帰郷し、九州の戦局は互角であるとして板垣に蹶起して打開するようもとめたが、黙殺されたという。「名分」が立たない以上、「機会」が成立しなければ挙兵する意味がない。

### 熊本城開通と路線変更

明治十(一八七七)年四月十四日、政府軍が熊本城の攻囲網を突破して籠城軍と連絡し、薩軍不利の戦況が明らかになった。

林有造は高知県令に赴任する実弟岩村高俊の送別会の最中にこの一報を受け、「陽に悦《よろこ》ぶも心意鬱然《うつぜん》」（『林有造自暦談』）とならざるを得なかったが、高知の世論も大きく転換した。四月二十日付で岩倉に提出された現地報告書は、「十四日より六日まで之電報」によって、それまで暴動の気配を見せていた県下は「聊《いささ》か沈着之姿」になったとしている。

板垣にとっても、「機会」は去った。広瀬為興によると、薩軍の形勢が不利に転じて以降、板垣は建白書を提出して公議世論を高揚させ、政治を変革すべく動き出したという。大江はこの頃、板垣に書簡を送って蹶起を訴えたが、返答は「足下は不条理のことを申越したり」（「大江卓口供」）というものだった。

板垣の路線変更は、当然ながら挙兵派と衝突することになる。四月二十日付の岩倉宛報告書によると、「立志社中の激論輩」が板垣の説得も聞き入れず、「板垣氏は因情の人になりたり」と批判して建白路線に反対し、退社して暴発する気配を示しているという。

この激論を鎮《しず》め、言論と教育によって立憲政体の樹立を目指していくことが、板垣にとって目下最大の課題となる。一時的な熱気に付和雷同《らいどう》する風潮を改め、自主独立した人材を育て、民権拡張は長期的に実現していかねばならない。

五月二十六日、警部の力石八十綱と面会した板垣は、もはや我々が武力を用いることはなく、建白をもって失政と専制を批判し、民撰議院の設立を訴えていくと述べた上で、「民権拡張の宿志」の実現と「人民をして自主独立の何物たるを了得《りようとく》せしむる」ため、新聞を発行し、演説を催し、立志学舎を発展させるべく、教師派遣元の慶應義塾に教師の交代を照会したと述べている（『太政類典』）。

　この件について大江に相談をもちかけた板垣は、「腕力論」ばかりの高知士族を学業に従事させて「文化」に誘導し、「激論」を新聞に掲載して「鬱気《うつき》」を晴らしたいと述べた。教育は「腕力」を「文化」へと誘導する道、新聞は「鬱気」発散の試みであり、目指す方向は「自主独立」した個人の育成と「民撰議院」の設立であり、対決すべきは政府の専制だった。

　薩軍はすでに人吉に拠り、迫り来る政府軍を迎え撃とうとしていた。この一週間後にはやくも人吉は落ち、西郷は宮崎へと転じていく。名分なき反逆の剣が折れかけたとき、次なる名分がペンとともに登場しつつあったのである。

　人吉が陥落した六月一日、板垣は「今回の挙たるや、大義を失い名分を誤り、実に賊中の賊なる者にして、前の江藤前原が輩《やから》より数等の下級に位せり……僅《わずか》に自己の私憤を発洩《はっせつ》せんとして人を損じ、財を費し、而《しこう》して逆賊の臭名《しゅうめい》を万載《ばんさい》に流すとは吁《ああ》何の心ぞや」（『東京曙《あけぼの》新聞』明治十年六月二十日付）と述べ、西郷の蹶起を大義名分のない私憤によるものだと罵倒《ばとう》した。このあざやかなまでの方針転換は、機を見るに敏とも、節操がないとも、あるいは合理主義ともいえようが、自らが歩みはじめた道への自信のあらわれでもあったろう。

## 政府の警戒

「激論輩」はすぐに沈静化したわけではなく、五月中旬には村松正克と藤好静が宮崎の桐野のもとを訪れて挙兵のタイミングについて打ち合わせており、林の挙兵運動も継続していた。

こうした動きをもっとも警戒していたのは、政府である。

現地の密偵などから高知の情勢を探知し、その動向を憂えていた岩倉は、五月下旬から六月上旬にかけて、三条実美《さねとみ》らに「高知県事情追々切迫」「立志社破裂の模様」といった情報と懸念を伝え、軍を派遣して暴発を未然に防ぐよう繰り返し提案していた。

陸軍も西郷従道を中心に情報を収集していたが、従道も高知警戒のため軍を出動させるよう求めている。山県は警視隊なら派遣可能と回答し、結局、六月三日に一二〇〇名の警視隊が四国に派遣されることになった。薩軍が四国に上陸した場合に備える措置であった。高知への圧力は強化され、六月六日には陸軍中佐北村重頼が派遣されて銃器・弾薬などを買い上げて大阪に輸送、十四日には村松と藤好が逮捕された。従道や北村は立志社の挙兵の危険性は高いと考えており、北村自身、板垣に面会し、「無名の兵」を起こせば自分が先頭に立って討伐するとプレッシャーをかけている。すでに片岡が建白書提出に動いており、板垣は「民権論」と「建白」について論じたが、北村は表面的な発言にすぎないと捉え、裏では社員を煽動《せんどう》して事を図っているにちがいないと報じた。八月に入って林有造が逮捕されるが、その知らせを受けた陸軍では出兵を予定したらしく、大久保と伊藤が暴動の危険はないので不都合だと抑える一幕もあった(陸軍省「密事書類」、征討陸軍事務所「密事日記」)。

### 立志社建白書による〝攻撃〟

警視隊とすれ違うようにして上京した片岡健吉が、京都の行在所《あんざいしょ》に建白書を提出したのは、六月九日のことである。軍の警戒とは裏腹に、植木枝盛の手によって起草されたこの建白書に対する板垣の自信と決意は固く、前日付の政府密偵の報告によると、「板垣は西郷の複轍《ふくてつ》せず、只民権を張り、決して干戈《かんか》を以てせずとの決心の趣」(「岩倉具視関係文書」)で、建白書は数千部印刷して全国に頒布し、世論を喚起すべきだとも述べていた。「暴発」とは違った種類の波及がはじまりつつあった。

建白書の特質は、政府の進める近代化政策の方向性に賛同しつつ、政府の問題点を逐一批判し、立憲政体樹立の必要性を説いたところにある。名分の曖昧さや理想の多様さが薩軍の特徴であったとすれば、次代の反政府運動を担う立志社は具体的な主張をもって、専制批判の系譜を引き継いでいた。

建白書はまず、廃藩置県、法律の制定、警察の設置、陸海軍の強化、学校教育の創設、郵便・電信・鉄道の敷設といった一連の近代化政策を評価した上で、士族反乱や政府と人民の困弊《こんぺい》の原因を、公議を容《い》れない「専制」にあると指摘する。五箇条の誓文、漸次《ぜんじ》立憲政体樹立の詔《みことのり》と、天皇の叡慮《えいりよ》は万機公論に決するところにあるにもかかわらず、「在廷の大臣」はそれを奉ぜず、詔は忘れられている。地方官会議は停止され、元老院は形骸《けいがい》化し、大審院《だいしんいん》も行政からの独立を確保できず、民撰議院も時期尚早として実現しない、これでは徳川幕府と変わらないではないか。薩長土肥が専断する政府は人材を広く採用せず、讒謗律《ざんぼうりつ》と新聞紙条例は人の口を封じ、政府の内部も各省ごとにバラバラで統一されていない――。

建白書は、内政の混乱と外交の失策の原因を「政府専制」にもとめ、目下の内乱が鎮定すればこれがますます加わるのではないか、と懸念を表明した。かくして建白書は、「民撰議院を設立し、立憲政体の基礎を確立し、人民をして政権に参与せしめ、其天稟《てんぴん》の権利を暢《ちよ》達《うたつ》せしめ」るよう、天皇に訴える（『自由党史』）。ここには、当時の民権派の意識や要求が網羅的に盛り込まれている感があった。

この建白書は六月十二日に「不都合」として返却された。建白書の却下を受けて高知では再び暴発論が高揚し、保守派の古勤王党などと連携して少数精鋭で大阪城を突くべきといった意見が台頭したが、板垣は人数がそろわないとして反対し、押さえつけた。

政府側の態度は冷淡で、六月五日、すでに建白書の内容を入手していた伊藤博文は山県に書簡を送り、「愚論而已《のみ》にして見るに足る者なし」と余裕を見せ、大久保も六月九日付の品川弥二郎宛書簡で、建白は政府を困らせて天下を攪乱しようという「卑劣なる所業」にすぎないと断じている。ただ、反政府勢力の圧力はやがて、伊藤や大久保の予想を上回る政治力を発揮していくことになる。

### 愛国社再興へ

西南戦争戦時下の高知には、全国各地から民権家が集まってきていた。

明治八（一八七五）年に石陽社《せきようしゃ》を設立し、福島における民権運動の先駆的指導者となっていた河野広中《こうのひろなか》は、民会規則の調査中に西南戦争勃発の報を聞いた。西郷に板垣が協調すれば反乱軍が勝ち、鹿児島主導の「専制武断の政治」が展開されるにちがいないと予測した河野は、板垣説得のため高知に赴く。河野は、説得が成功しなければ共に蹶起して「公議政体建設の大目的を達する」覚悟だったが、九月十日に高知の板垣と面会すると「自重の決心」を聞かされた。河野が国会開設運動の必要性を語ると板垣も同調し、愛国社再興の決意を開陳したという。

東北で挙兵を企てた杉田定一《すぎたていいち》も高知にいた。杉田は『評論新聞』の記者だった急進派で、西南戦争を「第二維新」の機会と考え、鶴岡士族に蹶起を促すべく、庄内に入った。庄内藩は戊辰戦争の際に西郷から寛大な処分を与えられたことから西郷に親炙《しんしゃ》する者が多く、政府側もその動向を警戒していたが、鶴岡士族側は慎重で、杉田の説得が通じることはなかった。参事の松平親懐は、自分は「大義名分」を重んじるものであり、「今や不義無名の挙をなして、国家の公敵となる」(「緊要書」)薩軍に応じるはずがないと述べている。「名分」の問題は、鶴岡士族の動向にも影を落としていた。挫折した杉田は高知を訪れて蹶起の機会をうかがうが、熊本城開通を受けて時機をうしない、板垣と協力して言論を高揚させるべく運動することとなった。

それぞれが「戦争体験」を踏まえて高知に集まるなか、同志の結合が急務であると考えた板垣は、明治八(一八七五)年に創設されて消滅状態になっていた愛国社の再興を決意し、杉田定一、植木枝盛、栗原亮一《くりはらりょういち》などが全国に遊説に向かうことになる。

高知県下では明治十(一八七七)年六月以降、数千人規模の聴衆を集める演説会が盛んに行われ、教師陣が強化された立志学舎では英語や西洋の政治思想を講じるほか、学生は演台や新聞紙上で自説を開陳し、その学窓から坂本直寛《なおひろ》、大石正巳《まさみ》、西原清東などの民権家が輩出されていった。八月には機関紙として『海南新誌』と『土陽雑誌』が創刊され、植木枝盛を中心に激しい政府批判や参政権獲得、言論自由の主張を展開していく。板垣と植木は国会開設の前提として、区会や州会といった地方民会の開設にも積極的に関与した。

もともと、明治七(一八七四)年に設立された立志社の趣意書は、「天下の民会」を設立するため同志が団結し、天賦人権を保護すべく「独立の気風」を養って「自主自立の人民」となり、議会開設に備えるとしていた。植木はすでに東京で新聞投書家として盛んに活動しており、立志社の戦後路線には、いわば過去三年間の経験を踏まえた原点の強化・伸張という性格があった。

福沢諭吉が評価し、期待した言論状況は、こうして生まれていった。当時、立志学舎に教師を派遣していたのは慶應義塾であり、福沢は板垣と浅からぬ関係にあった。地方分権の実現と、これへの士族の参加を求めた『分権論』も、福沢は開戦前月に板垣に筆写本を届けており、板垣はこれを「卓見高論当世の薬石と奉存候《ぞんじたてまつり》」と絶賛し、謄写して同志に頒布したいと礼状を送っている（寺崎修「板垣退助宛書簡」）。言論と自治へと方針転換を進めていく板垣が、すでにこの「薬石」を手にしていたことは注目されよう。

福沢自身、板垣に東京での活動を促しつつ、西南戦争終結の翌明治十一（一八七八）年九月に愛国社再興大会が開催されると、これと歩調を合わせるようにして、翌月に緒言を記した『通俗国権論　二編』において国会の早期開設を主張しはじめ、翌年以降、『民情一新』と『国会論』を発表して国会開設と議院内閣制の導入を訴えていく。河野は愛国社に応ずるべく、明治十一（一八七八）年一月に三師社《さんししゃ》を設立した。それは、戦時下から生まれた次代の「抵抗」の潮流であった。

## その後の私学校——三州社の設立

西郷を失い、桐野や篠原といった指導者を失った私学校党は、こうした潮流をどう受け止めたのであろうか。

私学校党の多数は罪を逃れて、あるいは刑期を終えて鹿児島に帰り、指導者の刑期満了と帰国を待つことになる。期待されたのは正義隊の隊長だった河野主一郎である。河野は城山陥落前日に川村純義と面会し、西郷の助命を嘆願してそのまま身柄を拘束されていた。懲役一〇年だったが、特赦によって四年で出獄して帰郷すると、明治十四（一八八一）年末、薩軍の残党はこれを迎えて「三州社《さんしゅうしゃ》」を設立する。

「河野が帰って来ると、待ち構えて居た薩軍の残党、伊東祐高、中原万次、河野半蔵、美代助左衛門、樺山資美、伊地《いじ》知《ち》壮之助、児玉軍治など云える連中が、河野を主盟に推して、三州社の設立を発起した」（『鹿児島県政党史』）

三州社は会員の互助と士族授産、子弟の教育を目指した結社で、教育機関として「三州義塾」を併設し、西南戦争戦没者の遺骨収集も目的とした。社長は河野、会員は城下士出身者を中心とした「薩軍の残党」で、このため「第二の私学校」とも呼ばれたが、かつての私学校とは異なり、民権運動の潮流に無縁ではありえなかった。鹿児島でも明治十三（一八八〇）年頃から国会開設運動が盛り上がりはじめており、すでに元老院に国会開設請願を提出した民権家も入社している。

実際、社の「主義綱領」には「徳義を貴び、廉恥《れんち》を重んじ、為すこと純正着実なるべき事」と「完全なる立憲政体を確立するを以て目的とする事」が掲げられていた。私学校の伝統と民権結社の理念とが折衷された格好だが、以後、彼らは師弟の教育と立憲政体の樹立を目指しつつ、各地に遊説員を派遣し、焼酎に豚骨料理を肴《さかな》に時事を論じながら、勢力の扶植《ふしょく》に努めていく。

三州社自身、私学校的要素を多分に残していたらしく、中江兆民があるとき三州義塾に来塾した際、西郷の悪口を言ったところ、塾生は怒って兆民斬るべしと不穏な情勢となり、もともと西郷贔屓《びいき》の兆民は「西郷は彼らの中に生きている」と述べたといわれている。

西南戦争戦没者の遺骨収集も重要な役割であり、河野は戦場となった九州各地に散在して葬られている戦没者の遺骨を収集し、南洲墓地に改葬した。明治十六（一八八三）年十二月、これを記念して副島種臣《そえじまたねおみ》に碑文を書いてもらい、現在もその碑が南洲墓地に建っている。そこには遺骨収集の経緯とともに、「大久保氏友也又西郷氏友也」であった副島が、「征韓議」で大久保と決裂し、その結果としてこの「血塗肝滌」事態にいたった悲劇が綴られている。

民権派としての色彩も強く、明治十五（一八八二）年三月に自由党系の九州改進党結成大会が開かれると、三州社も委員を派遣しているが、急進的過ぎるとして参加せず、漸進《ぜんしん》論の立場から独自路線をとることになった。以後鹿児島県下では、九州改進党と並んで三州社が代表的な民権結社として台頭していくことになる。明治十五年七月の段階で、すでに会員は三〇〇〇名を超えていた。

### 三州社の終焉――第二の敗北

自由民権運動は、明治十四（一八八一）年の国会開設の勅諭、同年の自由党の結成、翌年の立憲改進党の組織といった形で、国会開設に向けてその歩みを進めていたが、民間派内部の対立や板垣の洋行問題などをめぐって内紛が続き、明治十六（一八八三）年から十七年にかけては、高田事件、群馬事件、加波山《かばさん》事件、秩父《ちちぶ》事件、名古屋事件、飯田事件などの激化事件が続発、急進化と分裂の危機に揺れた。政府転覆を目指す実力行使を前にした政府が、かつての私学校の動向を軽視するはずもない。

明治十七（一八八四）年二月十五日、長崎県令石田英吉が内務省警保局長に提出した報告書は、三州社も過激路線を歩みはじめていると伝えていた。すなわち、三州社員は「官署に対し暴発するの用意」を進めており、そのために武器を買い集め、日本刀を携えて徘徊《はいかい》し、「人民大《おおい》に驚愕《きょうがく》し、頗《すこぶ》る不安堵《ふあんど》の模様」で、高知の板垣や各県の同志と連携して「同時に暴発するの用意」さえあるという。石田は、三州社は「摂政上の妨害」だと注意を喚起した。

事態を重くみた政府は、鹿児島県令渡辺千秋《ちあき》に対し詳細を調査するよう指令したが、渡辺が警保局長に宛てた回答は、武器の購入も帯刀による徘徊も板垣との通牒も否定するものだった。ただ、政府側の不安は晴れなかったようで、「鹿児島の三州社は、実に危険である、第二の私学校だ」「三州社が土佐の自由党と握手して、両者の間に何かの密約が結ばれた」といった情報に「政府では大いに狼狽して、自由党に対する警戒を飛び越えて、圧迫を加うることが激しく為《な》った」（『鹿児島県政党史』）といわれている。

実際、すでに郷友会が圧迫を加えはじめていた。明治十五（一八八二）年一月に結成された郷友会は東京在住の鹿児島県人の親睦会で、教育と士族授産を目的としていたが、会長に仁礼景範《にれかげのり》、幹事に吉井友実《ともざね》、海江田信義《かえだのぶよし》、野津道貫《みちつら》らが名を連ねるなど、薩閥政府高官の親睦会という性格が強かった。三州社側も郷友会を政府の手先とみて嫌っており、河野は郷友会を「開明世界」に反していたずらに「人心を籠絡《ろうらく》」しようとする時代遅れの「迷夢」にすぎないと痛罵《つうば》している。

郷友会の狙いとしたのが人心の籠絡、とりわけ民権派の切り崩しにあったのは事実で、明治十六（一八八三）年に鹿児島で会員募集にあたった郷友会の河島醇《かわしまじゅん》は、県内では「改進自由」を唱えて子弟を誘惑し、党派の団結を図る徒が蔓延《まんえん》していると懸念を示し、郷友会は彼らに「官権結党」「擬似帝政党《ぎじ》」と攻撃されていると述べている。この情勢を挽回して切り崩しを進めるため、同年九月、郷友会の宮内盛高は会長・幹事宛の報告書において、三州社に対抗するため「教育を急にすべし」と提案した。

実際、郷友会は野村忍助らが設立した変則中学・鹿児島学校の経営を引き継いだ上で、翌年には鹿児島中学校との合併を実現し、島津家からの出資も受けて県立中学造士館《ぞうしかん》を発足させ、「島津」と「県立」という権威で三州義塾にプレッシャーを与える一方、授産事業に力を傾注し、三州社を圧倒しようとしていく。

鹿児島県の教育と授産事業は、県と郷友会が密接に連携して推進していた。郷友会が結成されて教育と授産に取り組むことになった際、「百事親密なる御懇話」を願いたいとして川村、樺山、仁礼、西郷従道、松方正義、大迫貞清《おおさこさだきよ》、高島鞆之助《とものすけ》の七名が渡辺千秋県令を呼び出しており、以後、川村と渡辺は教育事業について密接に連絡を取り合っていた。鹿児島中学校の引き継ぎについても、樺山が渡辺と直接交渉している。この強力なコネクションを生かして、三州社に圧力が加えられていった。

県人事にも手が入れられ、県警の警察官から三州社の関係者が一掃され、郷友会員に切り替えられていったという。実際、明治十七（一八八四）年に県警のトップたる警部長が岩崎義憲から郷友会系の染川済に代わっているが、この交代人事は、郷友会の大迫貞清（警視総監）が渡辺と連携して内務卿に申し立て、実現したものだった。この年の三州社秋季大会には郷友会系の警察官が臨検し、法令違反があったら厳罰に処すると河野に圧力を加えているが、それは「彼《か》れ等の鋭気を挫《くじ》くは此の時」と判断したためだと、担当警部は樺山に報告している。

河野主一郎も次第に三州社の前途に絶望感を深めていき、明治十七（一八八四）年末には官途に就いて東京に去った。求心力を失った三州社は資金不足も重なって退社する者が増加し、明治二十二（一八八九）年四月、新たに結成された鹿児島同志会に合流して、政治結社としての姿を消す。

この頃の郷友会は、会長が樺山で、特別幹事には川村、松方、西郷、仁礼、海江田、黒田清隆、吉井友実、寺島宗則といった面々が並んでいた。私学校党は、一度は武力による反逆で、二度目は言論による抵抗で敗れた。二度ともそこに立ちふさがったのは、樺山、川村、黒田をはじめとする薩摩出身の政府要人であった。一度目は火力と物量と兵員の動員力、そして「官軍」の権威によって、二度目は「学校」「県庁」「警察」という、かつて私学校党が用いた手法によって。

かくして、私学校党の抵抗は終わりを告げた。現在、南洲墓地に建つ戦没者遺骨収集記念碑と、西郷隆盛を祀《まつ》る南洲神社に奉納された石燈籠《いしどうろう》とが、三州社の痕跡《こんせき》として残されている。

# 終章　西郷伝説と託された理想

## 「名誉」回復と西郷星

「第二の私学校」が終焉を迎えた明治二十二（一八八九）年の二月十一日、憲法発布にともなう明治天皇の特旨によって西郷隆盛の賊名が除かれ、正三位が追贈された。

東京の空には、いわゆる西郷星があらわれた。

「此《この》両三日、西の天に向て又々西郷星現れぬと評判す。右につき或人は、贈位御礼の為に西郷先生、西方幽冥界《ゆうめいかい》より繰り出し来《きた》ったるなりと申す」（『東京日日新聞』明治二十二年二月二十七日付）

一見、私学校党の陰影と西郷の光栄とがコントラストを示しているように見えるけれども、前者は私学校党の「反逆」の終幕であり、後者も西郷隆盛の「反逆イメージ」の完結であった。いずれも主体は政府であり、かつての「官軍」指揮官である。

西南戦争後も、西郷の人気は依然として高かった。福沢諭吉や中江兆民、勝海舟をはじめ、市井の人々にも西郷に敬愛の情を寄せる人々は少なくなく、西郷星があらわれたのも明治十(一八七七)年八月頃が最初である。今日、これは火星の接近であったことが知られているが、当時の人々は西郷星と呼んで見上げ、星のなかに西郷が見えると噂し、星から西郷が地上を見下ろしている錦絵《にしきえ》が描かれた。

考古学研究のため来日していた米国人エドワード・モースは、この錦絵に群がる群衆について、こう記している。

「往来を通行していると、戦争画で色とりどりな絵画店の前に、人がたかっているのに気がつく。……一枚の絵は空にかかる星(遊星火星)を示し、その中心に西郷将軍がいる。将軍は反徒の大将であるが、日本人は皆彼を敬愛している。鹿児島が占領された後、彼並に他の士官達はハラキリをした。昨今、一方ならず光り輝く火星の中に、彼がいると信じる者も多い」(『日本その日その日』)

西郷は死なずに生きている、中国に渡った、あるいはインドの島に身を隠しているといった噂も断続的に伝えられた。田舎から上京したある老爺《ろうや》が日本橋から人力車に乗ろうとすると、車の内側に西郷の肖像が描いてあるのをみつけて急に態度を改め、「西郷さまの絵の書いてある車へのるのはなんともはや恐れ入る」といって辞去したという。この記事を掲載した『東京日日新聞』（明治十一年二月六日付）は、「西郷隆盛という老賊はどこに可愛げがあるか知らないが、妙に百的に好れる情男さ」と評した。東京ではこの頃、新富座《しんとみざ》で九代目市川団十郎が西郷隆盛に扮《ふん》した西南戦争物「西南雲晴朝東風《おきげのくもはらうあさごち》」が演じられ、大当たりしている。

明治十一年二月二十三日付『朝野《ちょうや》新聞』は、

「鹿児島にては此此西郷、桐野の墓へ参詣人夥しく、前後左右、香花《こうげ》にて埋まる位なり。今に男女とも頑固《がんこ》連《れん》多く、西郷を善く言い、巡査を悪む事甚しく、官員、兵隊をも忌み嫌う様子有り」

と伝えており、焦土《しょうど》と化した鹿児島でさえ、西郷人気は続いていた。

西郷がかくも人々の人気や祈りを受け止めることになったのは、その人格の魅力や維新の英雄としての声望、政府に抗した反抗精神、そして「あいまいさ」によるのであろう。明治期に入ってからの西郷は、多くを語らなかった。その主義は倫理的であり、その地位は高く、その人格は多くの人をひきつけたけれども、思想は体系化されず、いわば神秘的な魅力を湛《たた》えた巨大な沈黙であり続けた。戦争下でも、西郷の姿は警備の奥に鎮《しず》まって見えにくく、兵士からも遠い位置におり、戦争目的もわかりにくいものだったが、その存在が全軍の求心力となり、その声望と力の可能性に多くの不平士族が賭けた、あるいは賭けようとしたのである。その「見えにくさ」と「巨大さ」が、多様な伝説の根源になっているのであろう。

## 贈位

こうして、在野で英雄として伝説化していった西郷は、明治二十二（一八八九）年の名誉回復と贈位によって公的地位を回復し、「反逆者」のレッテルから解放された。政府からすれば、西郷評価を再定義することによって、反逆の英雄を「官」の枠組みに回収したことになる。

政治学者の丸山眞男氏が「荻生徂徠の贈位問題」で指摘したように、贈位は政府による人物評価を捉える上で、きわめてシンボリックな題材である。正三位は正三位であって、従三位の上、従二位の下にほかならない。明治以降に贈位された人物では、従二位には楠木正行《くすのきまさつら》、伊達政宗《だてまさむね》、島津忠久などの南朝の功臣や大名がおり、同じ正三位には島津義弘、上杉景勝《かげかつ》といった大名や長州の広沢真臣《ひろさわさねおみ》などが、従三位にはやはり南朝の功臣や島津義久、立花宗茂《たちばなむねしげ》といった武将、賀茂真淵《かものまぶち》、本居宣長《もとおりのりなが》などの学者がいる。

二月四日に閣議に提出された贈位案は、憲法発布の大典に伴い、「勤王憂国の士」のうち事蹟《じせき》が顕著な者に贈位するとして、西郷のほか藤田東湖《ふじたとうこ》、佐久間象山《さくましょうざん》、吉田松陰《よしだしょういん》を候補者に挙げている。同案に記された西郷への贈位理由は、次の通りである。

西郷隆盛

右は、大政復古の大功臣たるは茲《ここ》に贅述《ぜいじゅつ》を須《もち》いず。然《しか》るに、明治十年反乱の罪を以て官位褫奪《ちだつ》せられたり。顧《おも》うに、今回大赦を行わせらるゝに於ては、苟《いやしく》も罪を政事上に得る者は一切湔除《せんじょ》の恩を蒙《こうむ》るに至るべし。因《より》て同人の旧勲を録せられ、其嘗《かつ》て享受せし位階に拠《よ》り正三位を贈られ度《たき》事。

（『公文類聚』）

閣議はこの案を承認し、西郷は反逆の罪を清算され、勤王の英雄としての公的評価を回復した。他の三名はいずれも正四位であり、その相対的評価は高いが、明治国家の発足を見ずに命を落とした松陰らと同時に「大政復古の大功臣」として贈位されたことは、評価の焦点が明治元年までに当てられていることを意味している。これが、大久保と木戸が死後に正二位を贈られていた（のちに従一位を追贈される）こととの違い、あるいは反逆の負債ということだろうか。

作家石牟礼道子氏は西郷生存伝説を信じていた水俣の老人の話を取材しているが、そのなかで、日露戦争の旅順《りょじゅん》攻略戦に参加した際に乃木希典大将の宿舎とおぼしきあたりで犬の尻尾をみかけ、あれは西郷が連れていた犬だと思ったところ、それから補給がついて攻略に成功した、これも西郷どんの仕業じゃったと語る老兵がいたという。老人たちは楽しげに聞きながら、「天皇さんも、賊々ちゅうては、体裁の悪かろうで、後で位ば一足跳《とび》に上にあげらした」（『西南役伝説』）と話した。

民衆から希望を託される英雄を野に放ち続けておくことは、政府にとって「体裁」がわるかったであろう。西郷の名誉回復を求める声は、こうした民衆から政府高官まで、幅広く存在していた。

鹿児島出身の松方正義は明治十三（一八八〇）年頃、三条実美に嘆願書を提出し、西郷の維新の功業は誰もが知るところであり、その蹶起は「決して同人の本意」ではないとして、賊名の除去を請願している。松方は同じ趣旨の嘆願を繰り返したようだが、明治十六（一八八三）年には鹿児島と東京で西郷の七回忌が営まれ、大久保の遭難記念碑も建立された。こうした動きの背景には、西郷・大久保・木戸没後の藩閥再編成の意図があったことが指摘されている。勝海舟などからも汚名返上を願う建白書の類が提出されていた。西郷に託される期待や思惑はさまざまだったが、こうした運動の帰結として、憲法発布の機会が生かされたということだろう。

## 上野の西郷像

「名誉」回復を受けて建立されたのが、上野公園の銅像である。

当時の新聞などによれば、贈位を受けて郷友会が芝公園で祭典を催し、そこで西郷の旧友吉井友実が銅像建設を提案して参会者一同の同意を得、銅像建設委員会が設けられた。委員長は郷友会会長の樺山資紀である。王政復古を成した維新の元勲としての偉業を記念したい、というのが趣旨であった。宮内省の五〇〇円をはじめ約二万五〇〇〇名から三万二〇〇〇円余りの寄付が集まり、高村光雲が製作した模型によって銅像が鋳造された。当初は馬上の軍服姿が予定されたが、「平生好んで山野に遊猟する時の形状」にならい、あの単衣《ひとえ》に脇差、犬を連れた姿に定まったと樺山は述べているが、反逆者の経歴のゆえに軍服は避けられたともいわれる。皇居正門外の予定だった設置場所が上野に変更されたのもその経歴のためだったようだが、上野は彰義隊戦争で天皇の部下として西郷が戦い、行幸も数多く行われ、無血開城を実現した江戸を鬼門から見守る位置にあった。

明治三十一（一八九八）年十二月十八日に催された除幕式では、内閣総理大臣山県有朋以下の閣僚や関係者が出席し、樺山の建設経過報告に続いて、除幕委員長の川村純義が月照と西郷の入水の故事について語った。満場が静まり返るなか、軍服姿の山県が祝辞に立って西郷の「維新の大業」への貢献を讃え、国事について教えを受け、交誼《こうぎ》を得たことを回顧し、その縁が続かなかったことを悲しんだ。

続いて川村が勝海舟の和歌を朗読している。

「咲花の雲の上野にもゝつたふ　いさをのかたみたちしけふかな」

「君まさばかたらむ事のさはなるを　なむあみ陀仏我れも老たり」

川村は、西郷と勝の二人によって江戸市民一〇〇万は兵禍《へいか》を免れたとして、会場にいた勝の心事を察すべしと語っている。

楽隊の演奏に乗って、隆盛の姪にあたる西郷櫻子が幕を引き、銅像が姿を現した。

山県、樺山、そして川村という「官軍」の手によって、反逆の実態だけでなく、逆賊のイメージもまた、埋葬された。かくて、公式的地位を回復した維新・勤王の英雄は、着流しで散歩姿の親しみやすい姿として、民衆のなかに位置づけられた。

明治六年の政変以降、政治の表舞台を去って山野に隠れ、戦時下でも警備の奥で見えにくい存在のまま逝った英雄は、その魅力と沈黙と未完の反逆によって、これからも多様な期待を背負っていくことになる。この四年後には、西郷隆盛の遺児寅太郎《とらたろう》が亡父の功によって侯爵に叙せられた。

### 西郷評価の変遷

名誉回復以降、西郷の威徳を讃える書物が奔流のように世にあらわれた。銅像除幕までの間に限っても、「勤王」「英雄」「偉人」といった表題の書物のなかで西郷は盛んに取り上げられている。こころみにその例を挙げれば、『日本勤王篇』（小畠功一編、田中宋栄堂、明治二十四年）、『英雄未死魂』（哭天居士編、兎屋書店、明治二十四年）、『日本偉人伝』（西村富次郎、弘文館、明治三十年）、『日本勤王史伝』（谷口流鶯、松声堂、明治三十年）といった具合である。

この間、今日にいたるまで西郷の思想を伝える基本書となっている『西郷南洲遺訓』が世に出され、戦前の西郷隆盛伝のスタンダードともいうべき勝田孫弥の『西郷隆盛伝』全五巻が刊行された。内村鑑三が、西郷隆盛の死をもって「武士の最大なるもの、また最後の（と余輩の思う）ものが世を去ったのである」と『代表的日本人』に記したのは、明治二十七（一八九四）年のことである。

勝海舟が琵琶歌として作歌した「城山」は、この頃から軍歌としても、ひろく歌われるようになる。「夫《そ》れ達人は大観す」からはじまるこの鎮魂歌は、逸《はや》る若者に身を託し、やがて敗戦を重ね城山にいたった明治十（一八七七）年の西郷を題材としたもので、かつての英雄が岩崎谷の露と消えていく無情を詠じている。

栄光を取り戻した維新と勤王の英雄、若人に担がれた悲劇の英雄としての西郷像を象徴するのは、あの上野の銅像であった。石原万岳作詞・納所弁次郎作曲の『東京銅像唱歌』（一九一一年）は、次のように詠っている。

上野の山に集い来る　あまたの人に仰がれて
空つくばかりの偉丈夫は　西郷翁よ老西郷
世を王政に復さんと　天下の志士に交わりて
身を流したり　大島や
骸《むくろ》を投げたり　筑紫《つくし》潟《がた》
勝海舟との折衝に　千代田の城の事もなく
玉の宮居と　なりたるも
翁の績《いさお》に　よれりけり
征韓論の合わずして　一旦子弟に擁せられ
西南役を起しゝも　赤き心は人ぞ知る
もとの三位を　復せられ
子は侯爵の　栄を受く
今朝鮮が　我が有と
なりしも翁の　素志

この前年には、韓国併合が実施されていた。西郷の三十三回忌にもあたったその年、西郷ブームは頂点を迎えている。西郷は国権主義・アジア主義の先覚者として讃えられ、建国の功労者としての評価を定着させていく。

本書のなかで繰り返し引用してきた『西南記伝』（明治四十二年～四十四年〈一九〇九～一一〉）も同時期に刊行されているが、やはり同じ時代状況のなかで、征韓論者としての西郷が強調されている。

黒龍会編の同書は、今日にいたるまで西南戦争研究の古典的地位を占めている労作だが、内田良平は、「日韓最後の決論を為さんとするに当り、経倫《けいりん》の基く処南州の精神に出でざるなし」として、「征韓論の顚末と征韓論破裂の結果倒れし志士全体の伝記を編纂し世に示す」ことで、「韓国最後の決論を為す上に一助たるべきを信じ」て、『西南記伝』の編纂に着手したと述べている（『硬石五拾年譜　内田良平自伝』）。

かつての反逆者を称揚する風潮に、違和感を覚えた人もいなかったわけではない。雑誌『太陽』の編集主幹だった高山樗牛《ちょぎゅう》は銅像除幕式の二ヵ月前、銅像建設に異論を唱えている。維新の英雄であっても反逆の徒となった以上、「私徳」の優越など問題とすべきでないのに、国民はその大罪を忘れ、維新の功業と私徳ばかり讃えて、伝記や墓誌の類でも足らず、銅像を作るという。これでは天下から罪悪なるものが消え、「公道」が揺れ、大義名分も不明確になるではないか、と。

ただ、国民は救国の英雄を必要としていた。対外的な脅威が、それを促していた。

## 西郷生存伝説

明治二十四（一八九一）年三月、西郷隆盛はシベリアで生きている、ロシア皇太子ニコライの来日に随行してやってくるという噂が立った。

発端となったのは『鹿児島新聞』に寄せられた投書で、西郷や桐野、村田らは城山陥落の前々夜に串木野《くしきの》の海岸に脱出し、船で甑島《こしき》へ渡り、さらにロシア軍艦に乗り組んでシベリアの兵営にいたってロシア兵の訓練にあたっているという。黒田清隆が欧州巡回の際に面会して明治二十四（一八九一）年に帰国することを約束し、ロシアも皇太子訪問を名目として軍艦をもって護送することにした、と投書は伝える。

ここから噂が次々と広がり、西郷生存説の真贋《しんがん》をめぐって多くの報道がなされた。死亡現場の目撃証言から副島種臣のコメントまで、あらゆる情報が集められて論議は尽きず、関連記事をまとめた『贈正三位陸軍大将西郷隆盛君生存記』（仙橋散史著、明治二十四年）なる本が出ているくらいである。当時国内ではシベリア鉄道の建設に象徴されるロシアの南下政策に対する懸念が高まっており、政治学者の河原宏氏はその世論が西郷に救世主のイメージをみたのだろうと指摘している。

生存論議の過程で、政治に関心を抱く人々は、西郷に託してさまざまな救国の願いを語った。大陸への飛躍や条約改正の実現、政治腐敗の批判、清廉潔白な政治家への期待、政党の結成と政党内閣の樹立……。

前年に開会した帝国議会に絶望し、アルコール中毒と称して議員を辞職した中江兆民は、西郷帰国の噂を噂としながらも、凡庸《ぼんよう》の海に非凡の大魚を躍らせてみたいものだと書いた。朝鮮に出て行こうとした西郷を抑え、日本を「凡殺」して今日のごとくならしめたのは誰の罪か。国会、政党、新聞、官、民、文、詩、日本国すべてが凡庸で幻影で泡沫だと兆民は罵倒する。

かつて薩軍に参じた士族たちは、それぞれの不満や理想を抱えながら、西郷に政府転覆の可能性を見出し、その力に賭けたけれども、ここでも西郷に託して数多くの不満や理想が語られたのである。求心力となったのは西郷の変革者としてのイメージと実績であり、その反逆が未完に終わったという事実であった。西郷は、明治国家が成長過程を歩むなかで切り捨て、廃除してきたさまざまな可能性と、まだ見ぬ未来の可能性とを象徴していた。

来日したニコライ皇太子が滋賀県大津で警備の巡査津田三蔵に斬りつけられ、負傷したことは有名である（大津事件）。犯行動機として津田は、ニコライの来日は日本を奪うための偵察だと疑ったこと、樺太千島交換条約に不満をもったことなどを挙げており、いずれもロシア脅威論の反映だが、西郷が帰国して西南戦争時の勲章を剝奪するという報道を信じて悩んでおり、噂の発信源を皇太子とみていたという。すでに紹介したように、津田は別働第一旅団に属して戦っており、勲七等に叙されていた。

実際、三井寺《みいでら》の警備にあたっていたとき、西南戦争の記念碑をみて往時を追懐し、巡査生活の不遇を嘆じた津田は、皇太子歓迎の花火に戦場の記憶を思い起こして悲憤慷慨《こうがい》し、皇太子を殺害して憤情を晴らそうと決意したと述べている。皇太子と認識した外国人に敬礼すると無視され、相手は碑に敬意を払わず津田を刺激した。西南戦争従軍当時の津田の書簡には、負傷しながら「賊徒」と戦い、勝利を重ねていく様子がつぶさに記されているが、当初「昔日の忠臣」として敬意を払っていた西郷にも、「草賊」の如く敗退する薩軍の実態を目の当たりにして、「狂気の西郷」と厳しい評価を加えるようになり、城山での勝利の翌日には、母に「西郷隆盛、桐野利秋を獲斃し、大愉快之戦……戦士は凱歌《がいか》を歌い、勇気山を抜く」(「津田三蔵書簡について」、「資料紹介 津田三蔵書簡」)と踊るような筆致で記していた。

退役後、巡査として平凡な生活を送っていた津田の人生にとって、もっとも輝いていたのは西南戦争時代であった。その勲功を誇りとする彼にとって、勲章剝奪という事態は許しがたいものであったにちがいない。民衆がロシアという「外」からの脅威に疑心暗鬼となるなか、「外」から到来したロシアと西郷によって津田は国家と己の人生の二重の危機にさらされ、ロシア皇太子の殺害によって自己のアイデンティティの保証を目指したとも指摘される。あまつさえ西郷はすでに名誉を回復され、世論は彼に期待を寄せていた。津田の犯行には、西郷伝説が生み落とした負の遺産の側面があった。

## その後の西郷

大正から昭和へと時代を経るに従って、さすがに西郷生存伝説は消えていった。芥川龍之介の小説「西郷隆盛」は、西南戦争を卒業論文の題材にしている大学生が電車のなかで同乗の老紳士から西郷生存説を聞かされ、さかんに反論するが、よく似た人物を車中で見せられて信じそうになり……という話だが、発表された大正七（一九一八）年が噂の限界であった。西郷が生きていれば九十一歳になる。

福沢諭吉や中江兆民が描いた抵抗者、反逆者としての西郷イメージは北一輝《きたいっき》などによって引き継がれたけれども、一般世論の間では、勤王と維新の英雄、あるいは悲劇の大将、アジア連帯や大陸飛躍の先覚者、清廉潔白で謙遜《けんそん》な人格者としての印象が濃かったものと思われる。その英雄性と悲劇性は、「判官《はんがん》びいき」の国民性にもふさわしいものだった。

とりわけ、頭山満《とうやまみつる》や内田良平、荒尾精《あらおせい》といったアジア主義者や大陸浪人にとって西郷はシンボル的存在であり、彼ら自身も「今西郷」などと呼ばれた。たとえば西郷の思想や詩想に傾倒した頭山は、西南戦争当時萩の乱に連座して獄中にあったが、西郷の反逆を「甘んじて郷党子弟に托した。そこが又、大西郷の大英雄たる所以《ゆえん》だ」と述べている（『頭山満言志録』）。

昭和二（一九二七）年の西郷の五十回忌前後に再びブームが到来し、さらに昭和六（一九三一）年の満州事変を経て日中戦争が長期化すると、『西南記伝』の系譜に連なる西郷論が数多く世に現れるようになる。敗戦と戦後民主主義の風潮のなかで、西郷は英雄としての光彩を衰えさせ、戦後歴史学の世界では反動的存在の代表格として否定的に評価される傾向が生まれたが、一般社会における偉人としての地位は失われなかった。そして、時として強烈な感化力をはなったようでもある。

その力に包まれた気配のある三島由紀夫は、昭和四十二（一九六七）年の正月、四十二歳という自分の年齢を挙げて、西郷隆盛は五十歳で英雄として死に、神風連の指導者のひとりも同年で死んだのだから、「私も今なら、英雄たる最終年齢に間に合うのだ」と語ったことがある。この前年、彼は『豊饒《ほうじょう》の海』第二部「奔馬」の執筆のため、熊本を取材に訪れ、神風連の思想と行動に強い感化を受けていた。英雄としての最期を模索しはじめた三島は、自衛隊体験入隊、楯《たて》の会結成、そして陸上自衛隊市ヶ谷駐屯地での壮絶な死へと、その若い晩年のあゆみをすすめていく。

三島は『産経新聞』（昭和四十三年四月二十三日付）に掲載された「銅像との対話」で、西郷に「日本人の中にひそむもっとも危険な要素と結びついた美しさ」を感じ取っている。それは、欧州的価値の否定と、涙と、力と、力のむなしさと、理想のもろさと、そして責任と、信にこたえる行動とを表示しているという。夜明けの光のように、その美しさに照らされはじめたという彼は、戦争下でも拠出を免れたあの上野の銅像に、感慨を込めて語りかけている。

「この銅像の持つてゐる或るユーモラスなものは、あなたの悲劇を逆に証明するやうな気がします」

そこには、たしかに西郷という人物の悲劇が象徴されていた。その人格、維新の実績、変革のイメージ、そして沈黙のゆえに多様な「理想」を背負い、時に命や未来を託されてきた西郷。当人の「理想」は神秘性に包まれたまま、西郷によって多くの「理想」が語られてきた。西南戦争という未完の反逆は、その伝説の嚆矢《こうし》であった。

# あとがき

もともと明治期の宗教行政を研究対象としていた筆者が西南戦争に関心を抱くきっかけになったのは、東京大学史料編纂所でみつけた「内務省社寺局書類」なる資料であった。内務省社寺局は明治十（一八七七）年一月に発足し、宗教行政を所管することになったが、その直後に西南戦争に直面した。この資料は、戦時下の神社や仏教の動静に関する記録である。

木戸孝允《たかよし》が「独立国」と呼んだ鹿児島は、宗教行政においても特殊な政策を採っており、廃仏毀釈《はいぶつきしやく》で県内の寺院を全廃、江戸時代以来浄土真宗の信仰を禁止し続け、神社が特別な地位に立っていた。

このため戦時下では、薩軍に協力・従軍する神官が続出し、弾丸製造のために神社の屋根が剝《は》がされるなどした。その一方で、浄土真宗は西南戦争開戦直前に解禁され、僧侶《そうりよ》が政府の密偵《みつてい》と疑われて捕縛《ほばく》されるなど苦境を経験しながら、布教を続けていった。戦後、神社が苦境に立つなか、真宗は急速にその勢力を拡大していく。

真宗の解禁に寄与したのは、西郷暗殺計画のグループと疑われた、いわゆる「視察団」のひとり、田中直哉である。

川内《せんだい》出身の田中は、『評論新聞』記者時代から鹿児島の蹶起を心配し、「私学校」に対抗する勢力をつくり、民会や学校を設立して議論や教育によって挙兵を防ごうと試みた。その一方で、宗教を解禁して「権利」を周知させようと努めて、この解禁にこぎつけたのである。

田中は西郷暗殺計画の一味として捕縛され、真宗解禁以外の試みは挫折するが、戦後、民権家としてその理想の実現を目指していくことになる。畏友《いゆう》の柏田盛文もまた、慶應義塾を卒業してすぐ帰郷し、田中らと学校の設立を試みたが、やはり視察団の一員として逮捕され、戦後、鹿児島を代表する民権家として活躍した。

彼らが対決しようとした鹿児島の政治、教育、宗教社会とは、そして食い止めようとした西南戦争とは、いかなるものだったのか。それは鹿児島と日本の近代史に、何を残したのか——。

田中や柏田は戦争直前の混乱期に理想の実現を試み、田中の上司だった海老原穆は政府転覆の宿願を果たすべく蹶起を呼びかけ、柏田の師だった福沢諭吉もまた、西郷の抵抗に理想をみた。

本書は、戦争に際会した人々が抱いた理想や、戦争の大義名分、そのシンボルとしての西郷隆盛という存在に叙述の焦点を当てながら、反逆の伏線を形成した明治六年の政変から、朝敵の烙印《らくいん》が消される明治二十二（一八八九）年あたりまでを叙述の範囲とし、西南戦争の通史を描いた。

この拙《つたな》い書物を通してどこまで論じることができたか、はなはだこころもとないし、紙幅の関係もあって、戦争と住民生活や農民一揆、財政との関係など、十分論じることのできなかった点も少なくなく、戦争の経過についても概略的記述にとどめざるをえなかった。その点、読者諸氏のご寛恕《かんじょ》を乞《こ》うほかない。まずは西南戦争一三〇年目における私なりの一段落として、ここに筆を擱《お》く。

西南戦争を主題とする新書は意外と少なく、圭室諦成《たまむろたいじょう》氏の日本歴史新書版が出て以来、本書は約五〇年ぶりの刊行となる。これがささやかな入門書となってくれれば幸甚である。

ここ数年間、調査のため、城山、熊本城、田原坂、人吉、宮崎、可愛岳《えのたけ》など、九州各地の戦跡や図書館、資料館をまわった。その際、お世話になった方は数多いが、とりわけ、田中直哉令孫の田中義久氏、柏田盛文令孫の柏田耕治氏とともに鹿児島県内をめぐり、逸話をうかがい、往時を思い浮かべながら調査にあたった日々は思い出深い。田中直哉は明治十八（一八八五）年、政府の汚職事件に抗議して投身自殺を遂げるが、没後に立てられた記念碑には、中原尚雄、安楽兼道など、「視察団」の面々が名を連ねていた。薩軍に挙兵の名分を提供することになった彼らにも、それぞれの戦後があり、その時間は確実に現在まで続いてきた。我々もまた、西南戦争の「戦後」に生きている。

本書の執筆にあたっては、詳しい註記を付すことができなかったものの、明治から平成にいたるまでの数多くの先学の業績を参照させていただいた。深く感謝申し上げたい。

戦記的記述については、黒龍会編『西南記伝』をはじめ、加治木常樹『薩南血涙史』、参謀本部陸軍部編纂課編『征西戦記稿』・『明治十年征討軍団記事』、そして防衛省防衛研究所図書館所蔵の諸史料に多くを負っている。防衛研究所図書館に収められた各旅団などの記録は膨大なものだが、なかでも密偵報告書の類は、漁師に変装し、軒下にもぐりこみ、砲火をくぐりながら西郷の動静をさぐり、戦地の実況を洗い、薩軍の実態を追及したもので、鉛筆で紙片に殴り書きして送ったものもあった。名もなき密偵の埋もれた記録は、日本が経験した最後の内戦の生々しい実態を伝えていた。

同研究所図書館をはじめ、巻末の参考文献に記載した資料の各所蔵機関・所蔵者には、多くの未公刊史料をはじめ、貴重な資料を利用させていただいた。現地調査の際には、入来院重朝氏、入来院貞子氏、平田信芳氏、久米雅章氏、横山龍児氏をはじめとする研究者や地域の方々に大変お世話になった。厚く御礼申し上げる次第である。

最後に、いつもながら懇切なアドバイスを頂戴した慶應義塾大学法学部の寺崎修教授、資料提供にご協力いただいた尚友《しょうゆう》倶楽部《クラブ》の上田和子氏、そして浅学かつ若輩な著者に激励と助言を続けてくださった中公新書編集部の白戸直人氏に、深く感謝を申し上げたい。

平成十九年十一月十日

小川原正道

# 参考文献

〔史料〕

陸軍省「密事書類」、征討陸軍事務所「密事日記」「密事送達日記」「密事探偵報告口供書類」、軍団本営「探偵報告書」「戦闘報告並部署及賊情探偵書類」、参軍本営「探偵書」、第一旅団「戦闘景況戦闘日誌」「出征第一旅団戦記」「探偵電信報告」、第二旅団「戦闘景況戦闘日誌」「西南戦闘記」、第三旅団「日記」「探偵書」、第四旅団「日記」、別働第一旅団「戦闘報告原稿」「探偵書類」、別働第二旅団「日記」、歩兵第十四連隊「歩兵第十四連隊十年役日誌草稿」以上、防衛省防衛研究所図書館蔵

「西南之役往復書」「西南之役探偵書」「探偵書類」「戦地探偵書類」「鹿児島実地見聞書」「長崎管外探偵日記甲・乙」「長崎上等裁判所検事局探偵書類」以上、東京大学史料編纂所蔵

「公文録」「公文類聚」「太政類典」「電報来信原書一」「電報発信原稿一」「戦地電報録一・二・三」以上、国立公文書館蔵

「三条実美関係文書」「岩倉具視関係文書」「大山巌関係文書」「山県家文書」「樺山資紀文書」以上、国立国会図書館憲政資料室蔵

「木戸家文書」国立歴史民俗博物館蔵

「岩倉具視関係文書」内閣文庫蔵

「薩賊死亡姓名録」県政資料七-六十四、熊本県立図書館蔵

「大隈文書」早稲田大学図書館蔵

「官軍落書の小襖」宮之城歴史資料センター蔵

永友司「明治十年丁丑日記」永友元夫氏蔵

丸目徹「明治十年戦争日記」人吉市図書館蔵

宮里正芳「宮里日記」宮之城歴史資料センター蔵

川上親晴翁手記「私学校党遭難記実」鹿児島県立図書館蔵

河野主一郎「河野翁十年戦役追想談」鹿児島県立図書館蔵

奇兵隊第三大隊三番中隊「陣中日誌」西郷隆盛宿陣跡資料館蔵

芥川龍之介『芥川龍之介全集』第二巻 岩波書店、昭和五十二年

姉崎正治・笹川種郎編『樗牛全集』第三巻・改訂版 博文館、大正十五年

荒木精之「宮崎八郎資料控（七）〜（八）」『日本談義』復刊第百三十・百三十三号、昭和三十六年

荒木精之『神風連烈士遺文集』第一出版協会、昭和十九年
家永三郎他編『植木枝盛集』第十巻　岩波書店、平成三年
井出孫六他編『自由民権機密探偵史料集』三一書房、昭和五十六年
宇野東風『硝煙弾雨　丁丑感旧録』文献出版、昭和五十三年
大久保利謙編『明治文学全集』第三巻　筑摩書房、昭和四十二年
緒方多賀雄『西南戦史』熊本城址保存会、昭和十三年
甲斐勇『郷土史噂乃聞書』第三巻　甲斐勇、平成元年
海軍省編『西南征討志』青潮社、昭和六十二年
外務省調査部編『大日本外交文書』第六巻　日本国際協会、昭和十四年
鹿児島県維新史料編さん所編『鹿児島県史料　西南戦争』第一巻〜第三巻「磯島津家日記」「鹿児島一件書類」「鹿児島征討始末別録二」「鹿児島征討始末二」「貴島良蔵上申書」「緊要書」「熊本県官籠城日記」「熊本鎮台戦闘日記」「熊本籠城日記」「黒木為楨日記八」「西南之役懲役人質問」「丁丑擾乱記」「丁丑弾雨日記」「丁丑ノ夢」「中山盛高上申書」「野村忍介他四名連署上申書」「深江孝蔵上申書」　鹿児島県、昭和五三〜五五年
加治木常樹『薩南血涙史』青潮社、昭和六十三年
川口武定『従征日記』上・下　青潮社、昭和六三年
川崎三郎『西南戦史』大和学芸図書、昭和五十二年
喜多平四郎／佐々木克監修『征西従軍日誌―一巡査の西南戦争』講談社学術文庫、平成十三年
木戸孝允関係文書研究会編『木戸孝允関係文書』一・二　東京大学出版会、平成十七・十九年
旧参謀本部編／桑田忠親・山岡荘八監修『維新・西南戦争（日本の戦史・第八）』徳間書店、昭和四十一年
『近代社会文学集（日本近代文学大系第五十巻）』角川書店、昭和四十八年
宮内庁編『明治天皇紀』第三・四・七　吉川弘文館、昭和四十四・四十五・四十七年
隈岡長道／原口長之校訂『西南戦争隈岡大尉陣中日誌』熊本史談会、昭和五十五年
熊本女子大学郷土文化研究所編『西南役と熊本（熊本県史料集成・第一三巻）』国書刊行会、昭和六十年
慶應義塾編『福沢諭吉書簡集』第二巻　岩波書店、平成十三年
慶應義塾編『福沢諭吉全集』第四巻・第六巻・第七巻・第二十巻　岩波書店、昭和四十五・四十六年
国際ニュース事典出版委員会・毎日コミュニケーションズ編『国際ニュース事典　外国新聞に見る日本』第二巻・本編、毎日コミュニケーションズ、平成二年

## 参考文献


黒龍会編『西南記伝』全六巻　原書房、昭和四十四年
古閑俊雄『戦袍日記』青潮社、昭和六十一年
小寺鉄之助編『西南の役薩軍口述書』吉川弘文館、昭和四十二年
小牧久渓『西南戦争従軍日誌・北謫日誌』河野ユキ、昭和四十三年
西郷隆盛全集編集委員会編『西郷隆盛全集』第三巻・第五巻・第六巻　大和書房、昭和五十三年
佐々木克監修『大久保利通』講談社学術文庫、平成十四年
佐々友房『戦袍日記』青潮社、昭和六十一年
佐藤盛雄・渡辺用馬『西南戦争豊後地方戦記』青潮社、平成九年
参謀本部陸軍部編纂課編『明治十年征討軍団記事』青潮社、平成九年
参謀本部陸軍部編纂課編『征西戦記稿』全四巻　青潮社、昭和六十二年
下田曲水『西南役側面史』熊本城址保存会、昭和十四年
尚友倶楽部・長井純市編『渡辺千秋関係文書』山川出版社、平成六年
尚友倶楽部山県有朋関係文書編纂委員会編『山県有朋関係文書』一・二　山川出版社、平成十七年・平成十八年
「資料紹介　津田三蔵書簡」『大津市歴史博物館紀要』第十一号、平成十六年
西南戦争（都城編）刊行会編『西南戦争（都城編）』西南戦争（都城編）刊行会、昭和五十三年
仙橋散史『贈正三位陸軍大将西郷隆盛君生存記』明治二十四年
平喜志男他編『えびの市史資料集V　西南の役』えびの市、平成七年
高野和人編『明治十年騒擾一件』青潮社、平成十年
高野和人編『西南戦争資料集』青潮社、平成八年
『丁丑日誌（上・下）』『鹿児島県史料集II』鹿児島県立図書館、昭和三十六年・三十七年
東京大学史料編纂所編『保古飛呂比　佐佐木高行日記』第七巻　東京大学出版会、昭和五十年
屯田兵本部『戦闘記』屯田兵司令部、明治二十六年
長江弘晃「山田中将日記　西南役」『日本大学精神文化研究所・教育制度研究所紀要』第十四号、昭和五十八年
中村稲男編『西南の役田原坂資料集—歴史のはざまに』植木町・植木町教育委員会、平成二年
日本史籍協会編『大久保利通文書』第五巻～第八巻　マツノ書店、平成十七年
日本史籍協会編『木戸孝允文書』第七巻　東京大学出版会、平成十五年
日本史籍協会編『大久保利通日記』第二巻　北泉社、平

成九年
日本史籍協会編『木戸孝允日記』第三巻　東京大学出版会、昭和六十年
日本史籍協会編『西南戦闘日注並附録』一・二　東京大学出版会、昭和五十一・五十二年
日本史籍協会編『熾仁親王日記』第二巻　東京大学出版会、昭和五十一年
日本史籍協会編『岩倉具視関係文書』第五巻・第七巻　東京大学出版会、昭和四十四年
乃木神社社務所編『乃木希典全集』下　国書刊行会、平成六年
延岡市立図書館編『郷土の話「権藤正行先生を囲んで話を聞く」』延岡市立図書館、昭和三十二年
肥後史談会編『西南役と熊本城』熊本城址保存会、昭和四年
松本三之介他編『中江兆民全集』第一巻・十三巻　岩波書店、昭和五十八年・六十年
三島由紀夫『決定版　三島由紀夫全集』第三十四巻　新潮社、平成十五年
宮下義壮『西南の役従軍日記』宮下政康、平成五年
武藤厳男・宇野東風・古城貞吉編『肥後文献叢書』別巻二　歴史図書社、昭和四十五年
明治文化研究会編『明治文化全集』第二十四巻・雑史編　日本評論社、昭和四十三年
吉田正固『西南の役見聞記（吉田如雪正固遺稿）』吉田純二、昭和四十五年
陸上自衛隊北熊本修親会編『新編西南戦史』原書房、昭和五十二年
立教大学文学部史学科日本史研究室編『大久保利通関係文書』第一～五巻　吉川弘文館、昭和四十～四十六年
和田政雄編『乃木希典日記』金園社、昭和四十五年

〔研究書など〕
荒木精之『宮崎八郎』日本談義社、昭和三十四年
安西敏三『福澤諭吉と自由主義―個人・自治・国体』慶應義塾大学出版会、平成十九年
家永三郎『植木枝盛研究』岩波書店、平成十年
家永三郎・庄司吉之助編『自由民権思想』中　青木文庫、昭和三十二年
猪飼隆明「士族反乱と西郷伝説」松尾正人編『明治維新と文明開化』吉川弘文館、平成十六年
猪飼隆明『熊本の明治秘史』熊日新書、平成十一年
猪飼隆明『西郷隆盛』岩波新書、平成三年
五十嵐暁郎『明治維新の思想』世識書房、平成八年
井川聡・小林寛『人ありて―頭山満と玄洋社』海鳥社、平成十五年
勇知之『激戦田原坂―西南戦争の真実』もぐら書房、平成十七年

参考文献


勇知之『熊本城攻撃―西南戦争の明暗』もぐら書房、平成十四年
勇知之『データで見る西南戦争―官軍戦死者を中心として』熊本出版文化会館、平成二年
石神今太編『南洲翁逸話』鹿児島県教育会、昭和十二年
石河幹明『福沢諭吉伝』第二巻 岩波書店、昭和七年
石光真清『城下の人 石光真清の手記一』中公文庫、昭和五十三年
石光真人編著『ある明治人の記録 会津人柴五郎の遺書』中公新書、昭和四十六年
石牟礼道子『石牟礼道子全集・不知火』第五巻 藤原書店、平成十六年
石原万岳著・納所弁次郎曲『東京銅像唱歌』文盛館、明治四十四年
出原政雄「鹿児島における自由民権思想」『志學館法学』第四号、平成十五年
板垣退助監修『自由党史』上 岩波文庫、昭和三十二年
井田進也『二〇〇一年の中江兆民』光芒社、平成十三年
井田輝敏「明治前期の抵抗権思想―福沢諭吉と植木枝盛を中心として―」『北九州大学法政論集』第十巻第一・二合併号、昭和五十七年
井上馨侯伝記編纂会編『世外井上公伝』第一・二巻 原書房、昭和四十三年
井上清『西郷隆盛』下 中公新書、昭和四十五年
井上光貞・永原慶二・児玉幸多・大久保利謙編『明治国家の成立（日本歴史大系普及版一三）』山川出版社、平成八年
猪瀬直樹『ペルソナ 三島由紀夫伝』文春文庫、平成十一年
植木町史編纂委員会編『植木町史』植木町、昭和五十六年
上田滋『西郷隆盛の世界』中公文庫、平成十年
上村希美雄「植木学校と大江義塾―熊本の自由民権運動管見―」『歴史地名通信』第五号、昭和六十年
上村希美雄『宮崎兄弟伝』日本編・上 葦書房、昭和五十九年
内田良平『硬石五拾年譜 内田良平自伝』葦書房、昭和五十三年
内田良平研究会『国士内田良平―その思想と行動』展転社、平成十五年
内村鑑三『代表的日本人』岩波文庫、昭和十六年
江藤淳『南洲残影』文春文庫、平成十三年
エドワード・S・モース『日本その日その日』第一巻 平凡社、昭和四十五年
恵美千鶴子「西郷隆盛銅像考」『文化資源学』第三号、平成十七年
大久保利謙「明治新政権下の九州」福岡ユネスコ協会『九州文化論集』第三巻、平凡社、昭和四十八年

大住和佑他編『西南の役　山鹿口の戦い』山鹿市地域振興公社、平成十四年
大塚虎之助『日本電信情報史　極秘電報に見る戦争と平和』熊本出版文化会館、平成十四年
大塚虎之助『「唯今戦争始メ候」―電報にみる西南役』熊本日日新聞情報文化センター、平成三年
大山元帥伝刊行会編『元帥公爵大山巌』大山元帥伝刊行会、昭和十年
岡義武『山県有朋』岩波新書、昭和三十三年
小川原正道「士族反乱と民権思想―西南戦争における板垣退助を中心に―」笠原英彦編『近代日本の政治意識』慶應義塾大学出版会、平成十九年
小川原正道「西南戦争期における福沢諭吉の思想―「自治」と「抵抗」をめぐって―」『日欧比較文化研究』第七号、平成十九年
小川原正道「征韓論政変後の政府転覆計画」『武蔵野学院大学研究紀要』第三号、平成十八年
小川原正道「西南戦争における鹿児島県警察」日本法政学会創立五十周年記念論文集編集委員会編『現代政治学の課題』成文堂、平成十八年
小川原正道「西南戦争と宗教―真宗と神社の動向を中心に―」『日本歴史』第六百八十二号、平成十七年
小川原正道「鹿児島三州社の一考察―「第二の私学校」の実態について―」『武蔵野短期大学研究紀要』第十八輯、平成十六年
小川原正道「自由民権運動と西南戦争―鹿児島における民権家の思想と行動から―」『法学研究』第七十七巻四号、平成十六年
小川原正道『大教院の研究―明治初期宗教行政の展開と挫折―』慶應義塾大学出版会、平成十六年
尾佐竹猛／三谷太一郎校注『大津事件』岩波文庫、平成三年
落合弘樹『西郷隆盛と士族』吉川弘文館、平成十七年
落合弘樹『明治国家と士族』吉川弘文館、平成十三年
落合弘樹『秩禄処分―明治維新と武士のリストラ』中公新書、平成十一年
大日方純夫「西南戦争における「巡査」の臨時募集」『日本歴史』三百六十二号、昭和五十三年
鹿児島県教育委員会『鹿児島県教育史』下巻　鹿児島県立教育研究所、昭和三十六年
鹿児島県編『鹿児島県史』第三巻　鹿児島県、昭和十六年
笠原英彦『大久保利通』吉川弘文館、平成十七年
風間三郎『西南戦争従軍記―空白の一日』南方新社、平成十一年
勝田孫弥『甲東逸話』マツノ書店、平成十六年
勝田孫弥『西郷隆盛伝』至言社、昭和五十一年
勝田孫弥『大久保利通伝』下巻　同文館、明治四十四年
勝田政治『〈政事家〉大久保利通―近代日本の設計者』

講談社、平成十五年
勝田政治『内務省と明治国家形成』吉川弘文館、平成十四年
勝部真長『西郷隆盛』PHP文庫、平成九年
樺山愛輔『父、樺山資紀』大空社、昭和六十三年
香春建一『西郷臨末記』尾鈴山書房、昭和四十五年
香春建一『大西郷突囲戦史』改造社、昭和十二年
鎌倉利行『大津事件考』大阪大学出版会、平成十五年
川上水舟『秋月党』亀陽文庫、昭和五十一年
川嵜兼孝・久米正章・松永明敏・鹿児島県歴史教育者協議会姶良・伊佐地区サークル『鹿児島近代社会運動史』南方新社、平成十七年
河原宏『西郷伝説―「東洋的人格」の再発見』講談社現代新書、昭和四十六年
河野弘善『西南戦争探偵秘話』木耳社、平成元年
河野弘善『西南戦争延岡隊戦記』尾鈴山書房、昭和五十一年
河野弘善『党薩熊本隊――西南戦争異聞』尾鈴山書房、昭和四十八年
芳即正『日本を変えた薩摩人』春苑堂出版、平成七年
芳即正「鹿児島学校と三州義塾―史料と政治的背景についての考察―」『鹿児島純心女子短期大学研究紀要』第十三号、昭和五十八年
姜範錫『征韓論政変』サイマル出版会、平成二年
亀掛川博正「江華島事件と「日本側挑発説」批判」『軍事史学』第三十八巻一号、平成十四年
北原糸子「西南戦争の銃後―巡査の妻たち」大日方純夫編『民族・戦争と家族（日本家族史論集一三）』吉川弘文館、平成十五年
木村秀海「池上四郎年譜」『郵政考古紀要』第三十五号、平成十六年
熊本県編『熊本県史』第一・近代編一　熊本県、昭和三十六年
栗原智久『史伝桐野利秋』学研M文庫、平成十四年
煙山専太郎『征韓論実相』早稲田大学出版部、明治四十年
河野磐州伝編纂会編『河野磐州伝』上巻　河野磐州伝刊行会、大正十二年
児島静夫「西南戦争のこぼれ話」『もろかた』第三十四号、平成十二年
五代夏夫編『西郷隆盛のすべて』新人物往来社、昭和六十年
児玉源太郎口述『熊本籠城談』白土幸力、明治三十三年
後藤靖『士族反乱の研究』青木書店、昭和四十二年
後藤靖編『自由民権思想』上　青木文庫、昭和三十二年
小西四郎編『士族の反乱（現代日本記録全集3）』筑摩書房、昭和四十五年
小林実「空想と現実の接点―大津事件に先立つ西郷隆盛

生存伝説」『日本近代文学』第七十二集、平成十七年
小山留馬『西南秘史川上親晴翁伝』鹿児島県加治木史談会、昭和十七年
雑賀博愛『杉田鶉山翁』鶉山会、昭和三年
西郷従宏『元帥西郷従道伝』芙蓉書房出版、平成九年
西郷南洲顕彰会編『敬天愛人』第一号〜第二十五号、昭和五十八年〜平成十九年
坂本多加雄『明治国家の建設』中央公論社、平成十一年
佐々木克『大久保利通と明治維新』吉川弘文館、平成十年
佐々木克「西郷隆盛と西郷伝説」『岩波講座日本通史』第十六巻・近代1、岩波書店、平成五年
佐々木克『日本近代の出発』集英社、平成四年
佐々木克「西南戦争における西郷隆盛と士族」『人文学報』第六十八号、平成三年
佐高信『西郷隆盛伝説』角川学芸出版、平成十九年
薩藩史料調査会『鹿児島県政党史』薩藩史料調査会、大正七年
佐土原町史編纂委員会編『佐土原町史』佐土原町、昭和五十七年
塩谷七重郎『西南戦争・福島県人の奮戦』会津史談会、昭和五十四年
諸洪一「明治六年の征韓論争と西郷隆盛」『日本歴史』第六百五十五号、平成十四年
篠原一・三谷太一郎編『岡義武著作集』第一巻、岩波書店、平成四年
信夫淳平『小村寿太郎』新潮社、昭和十七年
司馬遼太郎・奈良本辰也他『西郷隆盛を語る』大和書房、昭和六十一年
島内登志衛編『谷干城遺稿』上、靖献社、明治四十五年
清水幸義『紀行西南の役』PHP研究所、昭和四十八年
春畝公追頌会編『伊藤博文伝』中巻、原書房、昭和四十五年
新熊本市史編纂委員会編『新熊本市史』通史編・第五巻、熊本市、平成十三年
新人物往来社編『桐野利秋のすべて』新人物往来社、平成八年
神保孝慶編『新撰軍歌集大全』績文館、明治二十六年
鈴木淳『維新の構想と展開』講談社、平成十四年
鈴木淳「史料紹介「雲陽」艦長井上良馨の明治八年九月二十九日付け江華島事件報告書」『史学雑誌』第百十二巻十二号、平成十四年
鈴木孝一編『ニュースで追う明治日本発掘』第二巻、河出書房新社、平成六年
鈴木蘆堂『大警視川路利良君伝』東陽堂、大正元年
西南戦争を記録する会編『西南戦争之記録』第一巻〜第三巻、平成十四〜十七年
瀬口吉之助『宮崎八郎の生涯―短命ながら素晴らしく生

き男』産業動向研究所、昭和三年
園田英弘他編『士族の歴史社会学的研究―武士の近代』名古屋大学出版会、平成七年
高橋秀直「征韓論政変の政治過程」『史林』第七十六巻五号、平成四年
高橋秀直「征韓論政変と朝鮮政策」『史林』第七十五巻二号、平成三年
田尻佐編『贈位諸賢伝 増補版』上巻 近藤書店、昭和五十年
多田好問編『岩倉公実記』下 原書房、昭和四十三年
田中萬逸『大西郷終焉悲史』青潮社、平成二年
田中萬逸『死生の境』博文館、明治四十二年
谷川健一編『明治の群像3―明治の内乱』三一書房、昭和四十三年
圭室諦成『西郷隆盛』岩波新書、昭和三十五年
圭室諦成『西南戦争』至文堂、昭和三十三年
田村貞雄「「桐野利秋談話」(一名「桐陰仙譚」)について」『国際関係研究』第二十六巻一号、平成十七年
田村貞雄『前原一誠年譜』マツノ書店、平成十五年
田村貞雄「西郷論の系譜」『歴史公論』第三巻一号、昭和五十二年
田村貞雄編『形成期の明治国家』吉川弘文館、平成十三年
寺尾五郎「「西郷伝説」とは何か」『現代の眼』第十八巻、昭和五十二年
寺崎修「板垣退助宛書簡」『福沢手帖』第百二十三号、平成十六年
寺崎修「解説」寺崎修編『福沢諭吉著作集』慶應義塾大学出版会、平成十五年
寺崎修「立志学舎と慶應義塾」『法学研究』第六十八巻一号、平成七年
寺田正一編著『西南戦争協同隊士の研究』寺田正一、平成六年
遠矢浩規『利通暗殺』行人社、昭和六十一年
遠山茂樹『遠山茂樹著作集』第一巻・第三巻 岩波書店、平成三年
頭山満『頭山満言志録』書肆心水、平成十七年
頭山満翁正伝編纂委員会他『頭山満翁正伝』葦書房、昭和五十六年
徳富蘇峰編述『公爵山県有朋伝』中巻 原書房、昭和四十四年
戸部良一『逆説の軍隊』中央公論社、平成十年
冨成博『萩の乱と前原一誠』三一新書、昭和四十四年
鳥海靖編『近代日本の転機』明治・大正編 吉川弘文館、平成十九年
中島昭三「大久保政権と西南戦争」『國學院法学』第十一巻四号、昭和四十九年
長田順行『西南の役と暗号』朝日文庫、平成元年

中嶺秀樹「西南戦争の一考察―海軍の行動及び外国との関係について」『軍事史学』第七巻四号、昭和四十七年
中村徳五郎『川路大警視』日本警察新聞社、昭和七年
西尾陽太郎「九州における近代の思想状況」福岡ユネスコ協会編『日本近代化と九州』平凡社、昭和四十七年
西田実『大西郷の逸話』南方新社、平成十七年
日南市史編さん委員会編『日南市史』日南市、昭和五十三年
芳賀登『維新の巨人―西郷隆盛』雄山閣、昭和四十五年
萩原延壽『北京交渉　遠い崖―アーネスト・サトウ日記抄十一』朝日新聞社、平成十四年
萩原延壽『西南戦争　遠い崖―アーネスト・サトウ日記抄十三』朝日新聞社、平成十三年
萩原延壽『大分裂　遠い崖―アーネスト・サトウ日記抄十』朝日新聞社、平成十二年
橋川文三『西郷隆盛紀行』朝日新聞社、昭和六十年
橋川文三『近代日本政治思想の諸相』未来社、昭和四十三年
橋本島一編『新撰軍歌大成』中島抱玉堂、明治二十四年
橋本昌樹『田原坂―西南役連作』中公文庫、昭和五十一年
浜田亀峰『鹿児島県川内郷土史』下巻　川内市、昭和三十年
林有造『林有造自暦談』高知市立市民図書館、昭和四十三年
原口清『日本近代国家の形成』岩波書店、昭和四十三年
坂野潤治『未完の明治維新』ちくま新書、平成十九年
坂野潤治『近代日本政治史』岩波書店、平成十八年
坂野潤治「征韓論争後の「内治派」と「外征派」」『年報・近代日本研究　三』山川出版社、昭和五十六年
日高節『明治秘史西郷隆盛暗殺事件』隼陽社、昭和十三年
樋爪修「津田三蔵書簡について」『大津市歴史博物館紀要』第十一号、平成十六年
人吉市史編纂審議会編『人吉市史』第二巻・上　人吉市、平成二年
平尾道雄『立志社と民権運動』高知市民図書館、昭和三十五年
広瀬為興『明治十年西南ノ戦役土佐挙兵計画ノ真相』高知市立市民図書館、昭和四十七年
広瀬靖子「西南戦争雑抄」上・下『日本歴史』第二百六十一号・二百六十三号、昭和四十五年
琵琶の家編『古今琵琶歌集』修文館、明治三十九年
黄民基『唯今戦争始め候。明治十年のスクープ合戦』洋泉社、平成十七年
福島成行『赤坂喰違の事変―征韓論余聞』前田馬城太、昭和二年

福地惇『明治新政権の権力構造』吉川弘文館、平成八年
福地惇「西南戦争と西郷隆盛」坂野潤治編『歴史の読み方、文献資料を読む・近代』朝日新聞社、平成元年
藤井美智雄「西南戦争時における日向国民衆」『宮崎県地方史研究紀要』第三十二輯、平成十八年
藤沢衛彦『明治時代の風俗』雄山閣、昭和四年
藤村道生『山県有朋』吉川弘文館、昭和三十六年
藤原彰「西南の役と徴兵制」『日本史の研究』第四十四輯、昭和三十八年
木堂先生伝記刊行会編『犬養木堂伝』上巻　原書房、昭和四十三年
マウンジー／安岡昭男補注『薩摩反乱記』平凡社、昭和五十四年
前島密・市島謙吉編『鴻爪痕』前島会、大正九年
牧野伸顕『回顧録』上巻　中公文庫、昭和五十二年
牧原憲夫『民権と憲法』岩波新書、平成十九年
升味準之輔『日本政治史』第一巻　東京大学出版会、昭和六十三年
升味準之輔『日本政党史論』第一巻　東京大学出版会、昭和四十年
松尾章一『増補・改訂　自由民権思想の研究』日本経済評論社、平成二年
松尾正人『木戸孝允』吉川弘文館、平成十九年
松下芳雄『改訂明治軍制史論』上　国書刊行会、昭和五十三年
松下竜一『疾風の人―ある草莽伝』朝日新聞社、昭和五十四年
松田宏一郎「福沢諭吉と「公」・「私」・「分」の再発見」『立教法学』第四三号、平成八年
松永昌三『中江兆民評伝』岩波書店、平成五年
松永文雄著『片岡健吉』中庸堂、明治三十六年
松本二郎『増補版　萩の乱』マツノ書店、平成八年
松山守善「松山守善自叙伝」『日本人の自伝』第二巻、平凡社、昭和五十七年
的野半介『江藤南白』下　原書房、昭和四十三年
丸山眞男「忠誠と反逆」『丸山眞男集』第八巻、岩波書店、平成八年
丸山眞男「荻生徂徠の贈位問題」家永三郎教授東京教育大学退官記念論集刊行委員会編『近代日本の国家と思想』三省堂、昭和五十四年
御厨貴「大久保没後体制―統治機構改革と財政転換」『年報・近代日本研究　三』山川出版社、昭和五十六年
御厨貴監修『歴代総理大臣伝記叢書第三巻　山県有朋』ゆまに書房、平成十七年
水野公寿「士族民権家たちの軌跡―熊本・植木学校の指導者たち―」『歴史地名通信』第十五号、平成三年
水野公寿「天守閣炎上覚書」『あゆみ』昭和五十二年十

一月号
南日本新聞社編『鹿児島百年』中・明治編　謙光社、昭和四十二年
南日本新聞社南日本新聞百二十年史編纂委員会『南日本新聞の百二十年』南日本新聞社南日本新聞百二十年史編纂委員会、平成十三年
宮崎県北川町教育委員会編『西南戦争、戦跡を訪ねて』宮崎県北川町教育委員会、平成十七年
宮崎県編『宮崎県史』通史編・近現代1　宮崎県、平成十二年
宮崎滔天「熊本協同隊」『宮崎滔天全集』第四巻、平凡社、昭和四十八年
宮之城町史編纂委員会編『宮之城町史』宮之城町、平成十二年
村野守治「西南戦争の研究―私学校反対派の動向について」『鹿児島女子短期大学紀要』第二十号、昭和六十年
村野守治「西南戦争の研究―中立派島津久光の動向に就いて」『鹿児島女子短期大学紀要』第十九号、昭和五十九年
毛利敏彦『明治六年政変』中公新書、昭和五十四年
毛利敏彦『明治六年政変の研究』有斐閣、昭和五十三年
山口茂『知られざる西南戦争』鳥影社、平成十三年
山下郁夫『研究 西南の役』三一書房、昭和五十二年
山田済斎編『西郷南洲遺訓』岩波文庫、昭和十四年
山田尚二『詳説 西郷隆盛年譜』『敬天愛人』第十号特別号別冊、平成四年
湯浅照夫「島津啓次郎―その求めたもの」『宮崎県地方史研究紀要』第十九輯、平成五年
吉野誠『明治維新と征韓論：吉田松陰から西郷隆盛へ』明石書店、平成十四年
米原謙『兆民とその時代』昭和堂、平成元年
我妻栄他編『日本政治裁判史録』明治前・後　第一法規、昭和四十三年・四十四年
渡辺京二『神風連とその時代』洋泉社新書、平成十八年
「連載・我に義あり―西南戦争百三十年」第一部～第三部『南日本新聞』平成十九年五月二十七日～十月二十六日
『南日本新聞』平成十七年六月十四日付、平成十七年九月二十四日付
『熊本日日新聞』平成九年四月九日付
『史談会速記録』第三百二十八号、大正十一年六月
『日本及日本人』第五百四十二号、明治四十三年九月

写真／国立国会図書館ＨＰ　4、58、63ページ

小川原正道（おがわら・まさみち）

1976（昭和51）年長野県生まれ．1999年慶應義塾大学法学部政治学科卒業．2003年慶應義塾大学大学院法学研究科政治学専攻博士課程修了．武蔵野学院大学准教授，ハーバード大学（米国）客員研究員などを経て，現在，慶應義塾大学法学部教授．博士（法学）．近代日本政治史・政治思想史専攻．

著書『大教院の研究—明治初期宗教行政の展開と挫折』（慶應義塾大学出版会，2004年）
『評伝 岡部長職—明治を生きた最後の藩主』（慶應義塾大学出版会，2006年）
『近代日本の戦争と宗教』（講談社選書メチエ，2010年）
『福沢諭吉—「官」との闘い』（文藝春秋，2011年）
『福沢諭吉の政治思想』（慶應義塾大学出版会，2012年）
『明治の政治家と信仰—クリスチャン民権家の肖像』（吉川弘文館，2013年）
『日本の戦争と宗教—1899—1945』（講談社選書メチエ，2014年）
『西南戦争と自由民権』（慶應義塾大学出版会，2017年）など多数

西南戦争《せいなんせんそう》
中公新書 *1927*

2007年12月20日初版
2018年1月20日7版



著　者　小川原正道
発行者　大橋善光

本文印刷　暁印刷
カバー印刷　大熊整美堂
製　本　小泉製本

発行所　中央公論新社
〒100-8152
東京都千代田区大手町1-7-1
電話　販売　03-5299-1730
　　　編集　03-5299-1830
URL http://www.chuko.co.jp/


Published by CHUOKORON-SHINSHA, INC.
Printed in Japan　ISBN978-4-12-101927-1 C1221

# 中公新書刊行のことば

いまからちょうど五世紀まえ、グーテンベルクが近代印刷術を発明したとき、書物の大量生産は潜在的可能性を獲得し、いまからちょうど一世紀まえ、世界のおもな文明国で義務教育制度が採用されたとき、書物の大量需要の潜在性が形成された。この二つの潜在性がはげしく現実化したのが現代である。

いまや、書物によって視野を拡大し、変りゆく世界に豊かに対応しようとする強い要求を私たちは抑えることができない。この要求にこたえる義務を、今日の書物は背負っている。だが、その義務は、たんに専門的知識の通俗化をはかることによって果たされるものでもなく、通俗的好奇心にうったえて、いたずらに発行部数の巨大さを誇ることによって果たされるものでもない。現代を真摯に生きようとする読者に、真に知るに価いする知識だけを選びだして提供すること、これが中公新書の最大の目標である。

私たちは、知識として錯覚しているものによってしばしば動かされ、裏切られる。私たちは、作為によってあたえられた知識のうえに生きることがあまりに多く、ゆるぎない事実を通して思索することがあまりにすくない。中公新書が、その一貫した特色として自らに課すものは、この事実のみの持つ無条件の説得力を発揮させることである。現代にあらたな意味を投げかけるべく待機している過去の歴史的事実もまた、中公新書によって数多く発掘されるであろう。

中公新書は、現代を自らの眼で見つめようとする、逞しい知的な読者の活力となることを欲している。

一九六二年一一月

中公新書

## 現代史